▲マダガスカル　ムルンダヴァのバオバブ街道

▲ウユニ湖　雨上がりの後の夕焼け

◀南極の船上で知り合った野生動物保護活動をしているヴァレリーさん　コンゴでチンパンジーのＭｖｎｄａと一緒に

▲ムルロワ環礁でのフランスによる核実験反対運動を立ち上げたガビさん（右から二人目）と仲間たち

地球を巡る

世界3周
317日
船の旅

中島和子
Kazuko Nakajima

文芸社

『地球を巡る』■もくじ

第一章　南半球の旅

第二章　北半球の旅

第三章　再び南半球の旅

まえがき　本と旅

物心ついた時から本が好きだった。何かの折に本を買ってくれた、あるいは本しか買ってくれなかった父の影響もあっただろう。気がついたら、3歳半違いの姉と並んで同じ本を読んでいた。漫画も。姉と包装紙を貼ったみかん箱に収めた〈漫画文庫〉はずっと宝物。寺田ヒロオ、わたなべまさこ、手塚治虫……。

父の転勤で3歳半から7歳まで青森にいた。外に降る雪で薄暗くなった部屋、一人本を読む幼い自分が、遠い記憶の中に浮かぶ。「たろうのやねにゆきふりつむ　じろうのやねにゆきふりつむ」と三好達治の詩を読んでくれた父の声とともに。

小学2年の2学期、阪神地区の同じ家に戻り、近くの小学校に転入した。その頃の通信簿に「みんなと遊ぶより、本を読んでいる方が楽しそうです」と、担任の先生が整った字で書いてくれている。休み時間にもきっと何か読んでいたのだろう。

その頃、家に帰ってからの何よりの楽しみも本。とりわけ庭の木に登って読む冒険物語。庭に樫の木が二本並んで立ち、3メートルぐらいの高さのところで枝が段違いに交差している。三方に紐をつけた円い籠に、小ぶりの座布団とおやつ、そしてその日読む本を入れて木の下に置いておき、登ってから手に持った紐をたぐって引きあげる。枝が重なるところにセットした座布団にすわり、本を開く。『ピーターパン』『宝島』『十五少年漂流記』『ロビンソン・クルーソー』『スイスのロビンソン』……木の葉がすっぽり姿を隠してくれ、そこは別世界。日がかげり、風が少し冷たく感じられる頃、母の呼ぶ声が聞こえてくる。本を閉じ、木から下りてもいつも思っていた。「どこか知らない遠くへ行きたい」と。

あの頃からもう半世紀近く。文学部へ進み、フランス文学を専攻し、それを仕事にしてきた。フランスに滞在もしたし、ヨーロッパやアジアへの旅もいくつかした。旅も本と同じように私に未知の世界を開いてくれ、飽きることがなかった。

そんな中で、自分が〈北の視点〉に立っている、と気になり始めたのはいつのことだったろう。20代半ばから訪れるようになったヨーロッパの整った街並みに親しんだ後、東南アジアで、ホテル界隈を一歩離れると広がるあの混沌とした生活を垣間見た頃かもしれない。あるいは、1970年代の大学紛争で騒然としたキャンパスで、フランス人の父とスペイン人の母をもつアルジェリア生まれの作家、アルベール・カミュの引き裂かれた苦しさに満ちたノーベル賞受賞演説を、フランス語の授業でテキストとして読んだ大学2年の頃か。それとも、戦後の復興もままならない青森の公立小学校から、阪神地区の私立の小学校に転校し、クラスメートの誕生日パーティーというものに招かれた時に感じたかすかな違和感、同じ人間なのにどうしてこんなに〈豊かさ〉の基準が違うのだろう、といった感覚的なずれからかもしれない。

そんな思いに引きずられるように、私の関心はいつの間にか、植民地からの、あるいは南からの視点というものに移っていった。そうするうちに、かつて胸躍らせて読んだ〈冒険物語〉をもう一度読み直したくなったのだ、あれは一体何だったのだろう、と。

例えば『ロビンソン・クルーソー』（1719）。英文学史では、必ず〈18世紀の写実小説の傑作〉と紹介されているデフォーの作品だ。日本でも翻訳され、そのダイジェスト版は子どもにもよく読まれている。だが、オリジナル版はさらに問題満載、だ。

主人公のロビンソンはイギリスからブラジルに移り住み、農園経営をしていたが、一旗あげようと奴隷密貿易に加担して海に出る。カリブ海で嵐に遭い、一人無人島に流れ着く。そこで、驚異的な能力と勤勉さを発揮して生活を築き上げていく。20年以上経ち、生活は安定したものの、孤独感にさいなまれるようになった頃、島に〈食人種〉がやって来る。その中で、食べられそうになっていた〈オリーブ色の肌〉の若い男は、銃を持つロビンソンに助けられる。彼は、元の名前を尋ねられることもなく〈フライデー〉という英語の名を与えられ、ヨーロッパ風知識やキリスト教を身に付け、ロビンソンが本国に戻っても仕え続けるのだ。〈賢明で忠実な召使い〉として。そうして、かつての無人島はロビンソンを支配者とした植民地へと変貌していく。

この小説の地理や風土の描写は精密で、読む人にいかにも〈事実〉といった印象を与える。

だが、最近の研究では、すでに当時カリブ海付近では、ほとんどの現地の人たちは殺害されたか、奴隷として管理されて行動の自由も奪われ、作品に描かれているような自由な移動や、もともと時別な例外として行われた〈食人〉行為など不可能だったことが明らかにされている。

さらに言えば〈カニバリズム（食人習慣）〉は、時代や地域により様々な意味があった。単なる報復や飢餓の場合もある。だが、ある時は、先祖を敬い、その命を我が身に取り込むための、ある時は、戦いにおける敵の勇気を称え、その力を戴く厳粛な行為だったこともあるのだ。それならば、生きながらの拷問や放置と、どちらが残酷だろう。

だが、大航海時代以降、無意識の願望か、意識的な歪曲か、事実に基づかないこのような〈写実的情報〉が、ヨーロッパの人たちに〈食人習慣をもつ野蛮人を文明化する〉のが自分たちの崇高な使命だと思い込ませた要因の一つであることは否めない。そして、明治の〈文明開化〉以来、西洋から学ぶことの多かった私たち日本人も、いつの間にかそれを〈当たり前〉だと思い込むようになっていたのだ。幼い私もまたその中にいたことになる。20世紀も後半になり、〈ポストコロニアリズム〉〈オリエンタリズム〉〈南国幻想〉といった言葉で、その〈当たり前〉は当たり前ではなかったことがようやく意識化されてはきたが。

〈冒険物語〉の歴史的な背景を学び、自分自身の方向性はなんとなく見えてきたように思うけれど、まだわからないものがある。人を未知へと駆り立てる衝動、だ。若いロビンソンは穏やかな中流の生活を勧める両親にさからって、船に乗り込む。そんな何かはなぜか私の中にもある。21世紀の今、旅が冒険というわけではもはやないけれど、とにかく出かけたい、それも、できるかぎり遠くへ。まだ見ていないものを自分の目で見たい。そして、できることなら自分の考えの偏りを少しでもなくしたい。そんな思いが、年齢を重ねるにつれ次第に募ってきた。

こうして、長く勤めた職場を離れ、南回りで地球一周するピースボートに乗ることにした。２００８年1月12日、これが最後の航海になるという〈トパーズ号〉で、小雨に煙る灰色の横浜港を出た。１０８日の南半球を巡る船旅を終え、春色に染まる横浜港に戻ったのが4月28日。

地球は丸い。部分的には何回か訪れたことのある北半球。でも船で回れば違う北の姿が見られるだろう。そんな気持ちから、２０１１年7月19日、〈オセアニック号〉で北回りの旅に出た。まだ見残したものがある。２０１４年の11月22日、再び南回りの〈オーシャンドリーム号〉に乗り込んだ。

一瞬たりとて同じ姿は見せない見渡す限りの空と海。一面を茜色に染める落日。かすかに波打つ海面を銀色に冴え冴えと照らす月の光。水平線を覆う黒雲を引き裂く稲妻……。そのどれもが今も鮮やかに目に浮かぶ。それに、何よりもこれらの旅で出会い、私の視界を広げてくれた忘れられない人たちがいる。地球のどこかに確かに生きていて、私が直接言葉を交わす機会に恵まれたその人たちの思いや夢を伝えたい。

そう思っていたところ、国際交流のボランティアグループの知人に誘われて、地域のミニコミ誌に体験記を書くことになった。旅では「読むことも書くこともお休み」と、まとまった記録も残さず、写真もほとんど撮らず、書くのはいつも日本にいる間。2カ月に一度のスローペースだ。だが、記憶を拾い集め、言葉でつなぎ合わせていくうちに、思いもかけなかった出会いに恵まれたこと、それらが自分の深いところに鮮やかに残り、思い出すと懐かしく、温かい気持ちに満たされるのに改めて気づくようになった。

一方、連載を重ねるにつれ、思いもかけない方からの感想や意見、そして「本にして、もっと多くの人に読んでもらったら」という声をいくつかもらうようになった。そんな声に励まされ、少しずつ書き溜めたものが最初の船旅から10年経って一冊の本になった。これは、私だけの記録ではない。旅で出会った人たち、励ましてくれた人たち皆の本だ。この本を通して地球の〈今〉を少しでも伝えられたら、とても嬉しい。

二〇一七年十一月

中島　和子

第一章　南半球の旅

（２００８年１月12日～４月28日）

1．食べる物はありますか

２００８年1月12日、船が横浜港の大桟橋を離れていく。冬の細かい雨が降っているのに、甲板に立つ私は寒さも感じない。どんな体験が待っているのか、心地よい緊張感だ。

16日、香港、19日、ベトナムのダナン、22日、シンガポールに寄港した後、船はインド洋を横切って、2月11日、南アフリカ共和国のケープタウンの港に入る。私がアフリカ大陸を訪れるのはこの旅が初めてだ。テーブルマウンテンにはうっすらと雲がかかり、平たい上部は霞んで見えない。海と山の間には、薄い緑やピンクの壁を白い枠が縁取るコロニアルスタイルの建物が並び、港町の瀟洒な佇まいに驚く。

翌日、郊外の空港から飛行機に乗り、内陸部にあるザンビアに向かう。ザンビアとジンバブエにまたがるヴィクトリア瀑布を訪れるオーバーランドツアーだ。平原の中の空き地、といった様子のザンビアの空港には、あのイギリスの探検家リビングストンの名がつけられている。彼の後に西欧列強がアフリカ大陸になだれこんできたことを思うと複雑な気持ち。そういえば、滝に〈ヴィクトリア〉と名付けたのは誰だろう。その前には〈モシ・ウァー・トゥニャ（雷鳴轟く滝）〉と勇壮な様を感覚的に喚起する名で呼ばれていたというのに。

大地が真っ二つに割れたかのような亀裂に、ザンベジ川の茶褐色の水が豪快になだれこむ滝をずぶぬれになって堪能した翌朝、象サファリに参加する。朝6時、ホテルから中型のバン数台に分乗して湿った土の道を目的地に向かう。道の両側の狭いスペースに思いついたように植えられたトウモロコシ。茎はとても細い。これでは大きな実はできないな、何か工夫はないものか、と日本の農業と比べてしまう。他に畑らしきものは見当たらず、柔らかな浅い緑の葉をつけた幹の細い木々の林が続くばかり。

しばらくして、バンが速度を落とす。右側には、錆の出た赤や緑の大型トラックが、赤土の道に大きくえぐられた轍《わだち》のせいで、今にも倒れそうなほど傾いて列をなしている。トラックの陰に隠れるようにして携帯コンロで湯を沸かしている運転手もいる。きっと長い間待たされているのだろう。私たちのバンはその横を掠めるようにそろりそろりと進んで行く。国境に近づいたのだ。ザンビア側とジンバブエ側に10メートルほどの間をあけて2列に張られた背丈ほどの金網が国境。各々の金網の内側に日本の山村の郵便局にも似た小さな古びた木造の平屋があり、それが税関らしい。

ガイドに促されてバンを降り、手続きのためにまずザンビア側の建物に入る。窓口が二つ。急ぐ様子もなく、なんともまどろっこしい。待つ間辺りを見回してみる。板張りの壁には忘れられたような色褪せたポスターが数枚。その中で目についたのが〝CORRUPTION〟の文字に大きく×をかぶせたもの。「賄賂はだめ」という意味か。あの長く続いたトラックの列。この調子なら半日は待たねばならないだろう。袖の下を渡せば、早く通してもらえたり、違法な積み荷も見逃してもらえるのかもしれない。

二つの税関で、パスポートにスタンプを押すだけの、待った割には簡単な手続きをすませ、ジンバブエ側で別のバンに乗り換える。また「効率が悪い」という言葉が浮かぶが、それは考えないことにする。

横道に入ってしばらく走り、金網で囲まれた公園に着く。入り口近くに税関よりは立派な木造の建物。前にはテントが張られ、その下に二十数名は囲めるチェックのビニールクロスの掛かった大きなテーブルといくつかの木のベンチ。いつか観たイギリスの植民地を舞台にした映画の場面を思い出す。テントや日傘で強い日差しを避け、現地の召使いに風を送ってもらいながら、襟の詰まった白い服を着た白人の男女が優雅にティータイムを楽しんでいたような……。

二人ずつ踏み台から象の背中の鞍《くら》にまたがる。20代半ばの細身の男性が片手を差し出して迎えてくれ、私はその人のすぐ後ろの席。身を落ち着けてから英語で簡単な挨拶を交わす。彼が手にした細い棒の合図で、まだ若い象は大きな耳をゆったりと動かしながら、人の背丈ほどの白茶けた灌木の茂みに入っていく。太陽はまだ低く、軽やかな風が心地よい。小鳥の鳴く声も聞こえてくる。

空の蒼は次第に濃くなる。他に人影はない。時折姿を見せるのはイボイノシシの親子ぐらい。ここは観光客の前に動物を追い立てる演出とは無縁らしい。「今朝は動物がどこかへ行ってしまったみたいだね」象使いの青年が少し申し訳なさそうに話しかけてくる。「でも、こんなに広くて静かなアフリカが大好き」私ののんきな返事に何か思うことがあったのだろう。彼は言った。「この囲いの中には、土地の人たちは入れないんだ。入場料が高すぎてね」「それじゃ、私たちは贅沢をさせてもらっているのね」

短い沈黙の後、感情を抑えた口調で青年が続ける。「僕は、父が亡くなっているので、母と3人の妹を養わなくてはならない。だから、結婚はしているけれど子どもは持てないでいる」

「そう……」どう答えてよいかわからず、私は曖昧な相槌を打つ。

「この国には食べる物が足りないので、外に買いに行かなければならないんだ。でも、通貨に信用がないから、何も買えない時がある。僕たちのように外貨を稼げる仕事に就いている者はいいけれど、そうでない人たちはとても苦労しているよ」

日頃からこの問題を考えていると思わせる、静かな、落ち着いた口調だ。観光客にこんな話をしてもいいのかな、というためらいを含みながら、自国の経済が不安定で失業率が高いこと、「ジンバブエ」は「石の上に建つ国」という意味だとも教えてくれた。どの話題にも、自分の家族を養う、という固い決意が滲む。

今の日本に、家族を護ることにこんなに責任を感じ、そのために働く青年がどれだけいるだろうか。それに、この口調の穏やかさは諦めなのか、社会の変革への秘めた決意なのか。そんなことを考えているうちに、あっという間に1時間が過ぎ、私たちはゆっくりと元の場所に戻ってきた。「色々聞かせてくれて、ありがとう。お母さんや妹さん、そして奥さんとお幸せに」握手をし、青年に助けられて象から降りる。ありきたりの言葉でしか自分の思いを表せないのをもどかしく感じながら……。

テントでは朝食の用意が調い、焼きたてのパン、バター、数種類のジャム、砂糖、チーズやミルクが並び、コーヒーとティーの香りが漂っている。早起きをして象の背に揺られた後の朝食。「私、映画の主人公みたい」そう思いながらも、その朝のコーヒーはいつもよりずっと苦い味がした。

帰途、ザンビアの空港で、私たちは4つのグループに分かれて飛行機に乗ることになった。私は最後のグループ。同じツアー参加者の十数名と若い女性スタッフ2名が一緒だ。待合室で2時間ほど過ごし、やっと飛行機に乗り込む。扉が閉められ、滑走路に進む。だが飛行機はなかなか飛び立たず、私たちを乗せたまま、飛行場を円を描くようにグルグル回っている。機内がザワザワし始めた頃「今日は離陸できません」との機内放送が入り、乗客は飛行機から降り、待合室に戻る。「飛行機の車輪から火を噴いていたらしい」などと噂が飛び交うが、理由はわからないままだ。

午後も遅くなってから、スタッフが、宿泊ホテルの手配ができたのでチェックインまでバスから見るだけの市内観光をする、と告げる。奔走してくれたのだろう、若い女性2人のスタッフの疲れた様子に申し訳ない気持ちになる。私には思いがけず1日延びた滞在が楽しみだったが。しばらくして到着した埃だらけのマイクロバスに乗り込み、飛行場からさほど離れていない町に入っていく。西洋風の平屋か二階建ての木造の家々は、かつては色鮮やかだっただろうが、手を入れていないのかどれも古びて、白茶けた草木と相まって町全体がくすんだ印象だ。市場に寄る。市場といっても、剝き出しの乾いた赤茶色の地面に10軒ほどの屋台だけ。風が吹くと砂塵が舞いあがり、その度に屋台に並んだ品々も埃をかぶる。常設の市場なら、せめて地面に石か板を敷けばよいのに。

もう夕暮れが近い。バスは町を出て、細い道を入っていく。どんなホテルに泊まるのだろう。そもそもこの町にホテルなどあるのだろうか。そう訝《いぶか》っていると、道に沿って植えられた木々の向こうから小柄なキリンの頭が覗く。ますますわからない。バスが石の門をくぐる。すると唐突に鮮やかな緑の空間が目に飛び込んでくる。広々とした芝生の庭、ゆったりと枝を広げた大きな木々、木陰に点在する幾棟もの白い平屋……空気までしっとり。別世界だ。

通されたのは、玄関の間とバスルーム付きの12畳ほどの部屋。床は白と黒の市松に敷かれた大理石。中央に置かれた広々したベッドには白いレースのベッドカバーが掛けられ、その上に紅いバラの花びらが撒かれている。カーテンもクッションも部屋の隅に立て掛けてある大型の日除け傘も豪奢な白いレース。黒と白のバスルームにはキャンドルの柔らかい光が揺れている。英国の映画で見た貴族の館を思い出す。

夕食は別棟の広い食堂でとる。食堂は芝生の庭に大きく開かれ、その庭は前を流れるザンベジ川へと続いている。庭の中央にある濃い緑の葉をつけた大木の枝には木組みのブランコが揺れ、サルが数匹遊んでいる。夕焼けの光を淡く残していた空が静かに暮れなずんでいくのを見ながら西洋風のコース料理を食べている途中、小さなサルが入ってきて、私の皿からパンをとって素早く逃げていく。先ほどのキリンといい、この広大な敷地には小型の動物が放し飼いにされているらしい。

つい先ほどバスから見た町と、このホテルとのあまりの落差。どちらか一方を見ただけなら、まったく違った印象が残っただろう。辛いけれど両方見られてよかった、心からそう思った。

日本に戻ってからも、ザンビアやジンバブエという国のことがとても気になる。帰国後ほどなく、ジンバブエの政権の混乱と、途方もないインフレーションが新聞で報じられた。数えきれないほどの〈0〉が並ぶ紙幣の写真も。私が訪れた時、1米ドルが30、690ジンバブエドルだった換算レートはどれほどになっているのだろう。

ジンバブエの最高気温は30度、最低気温は20度。比較的気候は穏やかだし、水もある。それなのに食べる物がない。あの象使いの青年とその家族は。匪いの中に入れない人たち は、仕事のない人たちは、今、何を食べているのだろう。税関の「賄賂はだめ」のポスターは役人の心に届いているだろうか。国家の指導者は何か有効な策をうっているだろうか。そして、人々は自ら状況を変えようと動いているのだろうか。でも、何よりも、食料自給率が40%をきりながらも、大量の食物の廃棄が問題になっている飽食の日本に住む私に、一体何ができるのか。そう問わずにはいられない。

2. どこからどこへ

ヴィクトリアの滝を訪れた後の2月15日、ザンビアの空港から大西洋岸にあるナミビア共和国へと向かった。ナミビアは、1884年にドイツ領南西アフリカ、1914年には南アフリカの委任統治領となり、1946年に南アフリカに併合され、1990年に独立した新しい国だ。何の予備知識もなく、長い間の憧れだった砂漠を見たくて申し込んだツアー。前日のザンビア空港でのハプニングで1日のスケジュールが半日に縮小されたとはいえ、楽しみだ。飛行機の窓に張り付くようにして見下ろす大地は、濃い緑色から乾いた草の色に、赤茶けた乾いた色へと移っていく。

ナミビアの空港から、8000万年前にできた、地球で最も古い「何もない」という意味のナミブ砂漠へとマイクロバスで移動する。通りがかりに窓から見える港には、錆の浮いた中型船が2、3隻忘れられたように停泊している。遠洋漁業の船で、取れた魚は日本にも輸出されていると聞いて驚く。

途中、砂漠に唐突に出現したような街スワコプムンドに寄り、欧風のレストランで昼食をとる。レストランの前の中央通りの両側にはずんぐりしたヤシの木々が並び、漆喰《しっくい》で塗られた建物の白い壁は真昼の強い光の下で白く眩しく、影はどれもくっきりと黒い。人の気配は感じられず、シュールレアリスムの絵の中に迷い込んだようだ。

街を離れるとすぐに平たい砂地が広がり、ところどころに灰緑色の大きなヒトデのような肉厚の葉の植物が地を這うように生えている。ウェルウィッチアだ。2500年も生きている株もあるという。

またしばらくバスは進み、ムーンランドスケープと名付けられた茫漠と広がる灰色の砂地を見渡す高台に導かれる。恐竜が生まれる以前からの風景だという。時を超えた感慨を味わっていると、ガイドの男性が遠くを指差し「あそこにウラン鉱石の採掘場があります」と言う。ナミビアの主な産業は漁業とウランの輸出だ、とも。ウランの生産量は世界4位だが、ナミビアには原発もないし、核兵器もない。掘り出されたウランは輸出される。国土の大部分を砂漠が占めるこの国では、魚以外の食糧はほぼ輸入に頼る。「砂漠を緑化する計画はないのですか？」と尋ねると、「政府とその関係者はウランの利権を握っていて、緑化して農業を育成するつもりはないようです」との答えだ。

ウラン鉱石採掘を主産業にした新しい国、なんだか危うい。採掘場や輸出ルートは、誰が、どのように決定し、管理しているのか。国際市場で食料が高騰した時、どこかの国や組織が、目的を明らかにせずにウランを高値で買うと申し出たら、それを断れるのだろうか。採掘する人たち、近辺に住む人たちの安全や健康は護られているのか、その人たちは放射能の危険を知っているのか、疑念が次々に湧いてくる。アプリコット色と形容される赤い砂漠に沈む夕陽を見たい、というロマンチックな望みは、いつの間にか現実的な不安に変わってしまった。

船旅に出る前から、ウクライナのチェルノブイリ原発の事故以来活動を続けている友人に誘われて、反原発の会に時折参加していた。何事にも〈絶対安全〉なんてありえない、ただ、反対するには、感情的な理由だけでなく客観的な根拠を持たなくては、と思えたからだ。

２０１１年1月22日、大阪で〈先住民と連帯しウラン採掘にストップを！〉と題された講演&交流会があった。「西オーストラリア非核連合」代表、デラ・レイ・モリソンさんを迎えての会合だ。30人も入れば満員になる部屋で、30代後半と思われるアボリジニの知的な印象の女性が、スライドを使って淡々と現状を語ってくれた。

オーストラリアは原発も核兵器も持たないが、ウラン輸出国なのだ。そのウランを関電などの日本の電力会社も買っている。採掘現場は主に先住民族が住む地域で、金網で囲まれ一般の人たちは近づけない。だが、放射能を含む排水が生活に用いる川や湖に流れ込み、徐々に住民の健康を蝕んでいるという。放射能に関する知識をほとんど持たないまま、被爆者の数は増え続けている。偶然にも、モリソンさんは、翌日横浜を出るピースボートに乗船するから、と講演のあと急いで席を立っていった。

その講演から2カ月も経たない3月11日、東日本の太平洋沿岸を地震が、津波が、そして原子力発電所の事故が襲った。

私の父は、津波で壊滅的な被害を受けた三陸海岸の港町、宮古の生まれだ。先々代まで網元をしていたと聞いている。１９３３年の三陸大震災で内陸からの交通路を断たれて宮古近辺が孤立した時、祖父が漁船を手配して救援隊を導いた、と伝える当時の新聞記事を見つけて驚いたことがある。父は早くに故郷を離れ、今ではもう直接の親戚や知人は残っていないが、耳に親しい名前の土地の惨状が映像で映し出されると、幼い頃、祖父の葬儀に一度だけ訪れた港町の情景がきれぎれに思い出される。父の実家は、従兄弟と走り回って遊んだ、黒く太い梁の見える2階まで水が来たそうだ。「津波に流されても、また同じ場所に家を建てるんだ。人間って不思議だね」と語っていた父の言葉がとても切ない。

未曾有の苦難に見舞われたにもかかわらず、事態を気丈に受け止め、含羞を失わず支援への感謝を述べる北国の人たちの姿は世界中の人々の心を打った。そこに、自然の恩恵と厳しさとを同時に引き受ける覚悟をして生きてきた人間の長い歴史を感じたのは私だけではあるまい。心配してパリから電話をくれたフランス人の友人が「『シカタガナイ』という言葉がフランスで讃嘆と共に知られるようになった」と教えてくれたように。

〈先進国〉日本の原発の事故は世界中に衝撃を与え、多くの激励や支援も届いている。だが、その燃料であるウランがどこから来ているのかを、また、その採掘場所で放射能被害が静かに拡大していることはどれだけ知られているだろう。さらに核燃料廃棄物の行方は……。私たちが「自然そのもの」と思い込んでいる土地で、人間が〈反自然〉を作り出している。そして、その負の結果を被《こうむ》るのは、ほとんどいつも〈文明〉の恩恵を受けることの少ない地域であり、そこに生きる生命であるという構図は世界中どこも同じなのだ。

アフリカのいくつかの町の外れや太平洋の南の島の森の中で、メーカー名を大きく書いた日本車が捨てられ、赤茶色の錆びたゴミとなっているのを何度か目にした。最新技術を駆使し、文明の利器を作り出してきたつもりが、不燃大型ゴミを排出してきただけではないのか、と思わされる無惨な光景だ。福島の、原子炉を覆う、青い空と白い雲を模した軽やかな意匠の建屋の上部が吹き飛び、ねじ曲がった鉄骨を曝す姿と、それはどこか似通う。

今、私たちは、科学技術のおかげで、地球で起こっていることについての情報を瞬時に共有できる。地球の遠くまで行き、自分の眼で現状を確かめることも限定的にせよできるようになった。「知らない」という言い訳はもう使いにくい。これからは、何かを作る時、その出所から行く末までを視野に入れておかなければならないのではないか。すべては繋がっているのだから。瓦礫の中で震災の復興を担う人たち、命懸けで原発事故の後処理をしている人たちに感謝しつつ、自分に何ができるのだろう、と問うてみる。欲望のままに走る文化をもう終わりにするために。

私に多くの示唆をくれた『銃・病原菌・鉄』（草思社、２０００）や『文明崩壊』（草思社、２００５）を著したジャレド・ダイアモンド氏は、日本のテレビのロングインタビューの終わりに、人々に伝えたい言葉として〝51％ＨＯＰＥ〟と記していた。「〈彗星が落ちてくる〉といった危機なら諦めねばならないだろう。だが、現在の地球が抱える問題のほとんどは人間が作りだしたものだ。だから、人間が〈よく考える〉ならば、それらを解決できる、と思いたい」

と。そして、「自分は〈慎重なオプティミスト〉であろうとしている」と付け加えた。現実から目をそらさず、でも、解決への希望を捨てずに自分にできることをしていこう、と。

そのダイアモンド氏は、化石燃料の枯渇や地球温暖化など様々な要素を考え合わせると、原子力の平和利用はやむを得ない、という意見のようだ。だが、私には、「平和利用」といっても、人類の想定外の規模の自然災害による事故は不可避に思える。異なる意見も含め、考え続けるしかないのだろうか。希望を持ち続けていいのだろうか。自分の知識のなさがとても悔しい。

3. 南極条約第5号

「南回り地球一周の旅」のハイライトの一つが南極。人数制限があるが、私は、幸いにも、南極大陸に上陸する7泊8日のツアーに参加することができた。そのためには〈トパーズ号〉から〈ウシュアイア号〉という特別な船に乗り換えなければならない。〈ウシュアイア〉というのは、現地ではウスアイア、またはウスアヤと発音する。南米大陸南端から少し離れたアルゼンチン、フエゴ島の、夏でも頂に雪を残す山肌に寄り添う世界最南端の町の名前だ。南極へ向かう船はここから出るのだ。スペイン語で〝Ｆｉｎ　ｄｅｌ　Ｍｕｎｄｏ〟（世界のはて）とも呼ばれる、沈む夕陽に薄く染まる山と町は、寂しいけれど、たとえようもなく静謐《せいひつ》で美しい。

南極上陸希望者は、各々70名余りの2グループに分かれ、日をずらしてウシュアイア号で航海をする。3月9日正午過ぎ、後発グループの私は甲板でわくわくしながら待っていた。先発組が船底に近い乗船口から姿を見せる。さあ、次は私たち。

慌ただしさと緊張の中、救命道具を着けて、10人乗りのゴムボート、ゾーディアックに乗り込む。沖に白い姿を見せて停泊するウシュアイア号目指し、灰緑色の海面すれすれに進む。冷たいしぶきがかかる。ゾーディアックは、背の平らな昆虫のように、急なカーブをきってウシュアイア号の舷側に身を寄せる。私たちは、揺れるタラップから続くウシュアイア号の狭い階段を上る。入ったのは、縦15メートル横8メートルほどの簡素なサロンといった部屋。薄いグレーのカーペットが敷かれ、褪せたブルーの低いソファと木製のテーブルが、壁に沿うように各々数個置かれている。

その部屋で、今後の予定や船内の説明と注意事項を聞き、二人用寝室の割り当てがあった後、スタッフを紹介される。船長、機関士、調理士といったスタッフの他に、20代後半から30代前半の男女が数名。各々に南極研究の専門分野があるらしいが、上陸する時には彼らが私たちのガイドをしてくれる。その朗らかで率直な表情やきびきびした態度は、一目見た時から信頼感を与えてくれる。

彼らの中では年かさの、自然な髭面と少し貫禄のある体格の頼もしそうな男性が、どうやら若いスタッフのまとめ役らしい。名前はパブロ。風貌と名前からすると、ラテン系のルーツなのだろうが、〈国籍〉や〈民族〉については、紹介の時もそれ以後も誰も触れなかったので、どこの〈国〉の人なのか、私は今も知らない。

私たちは、ウシュアイア号滞在中、毎日、午前と午後、各々約2時間、大陸の西側に突き出ている半島や周囲の島々にゾーディアックで上陸する予定だ。それ以外は、船内で多様な角度から南極についての講義を聴く。もちろんすべて天候しだい。

船内には、シンプルなカウンターバーや小さな本棚のあるサロンの他に、全員が入れる食堂がある。二人相部屋の船室は狭い。私の部屋には二段ベッドと洗面台、書き物がようやくできる机とランプ。薄いドアで仕切られたシャワーとトイレ。トランクを一つ広げると余分なスペースは残らない。同室になった方との相談で、私はベッドの上段を選ぶ。数段の梯子を上ってみる。脚をのばしてようやく座れる高さ。横になると足の先ははみだしそう。当分ここだけがプライベートスペースだ。

名だたる難所、ホーン岬からドレーク海峡を渡った翌朝、船室の小さな丸窓から南極の濃いオレンジ色の夜明けが見える。最初に停泊したのは〈パラダイス湾〉。その日は、乗組員も「こんなのは珍しい」と驚くほどの快晴。ダウンを着、長靴を履いて、船からゾーディアックに乗り移る。凛と張りつめた大気、境も定かではない、どこまでも続く蒼い空と海の間に、無数の島のように浮かぶ大小の白い氷……ゾーディアックは、水面すれすれにその中に吸い込まれるように入っていく。

私の乗ったゾーディアックの舵を握るのはパブロ。時が止まったような美しさと静けさを損ねないようにとの心遣いか、そっと氷に近づき「何千年も前からの氷だよ、さわってごらん」「ほら、あそこの氷の上にいるのがアザラシ」と英語で言葉少なに教えてくれる。途中で私たち10人が記念写真を撮ろうとパブロを誘っても「ここを離れられないから」と、決して舵を放さない。私が「氷がこんなに蒼く見えるのはなぜ?」と尋ねると、「うーん、それは専門家に訊いてくれ」と、自信なさそう。不器用だけれど誠実な人柄を感じさせる。

パブロの専門を知ったのは、2、3日後。船底の講義室で彼の話を聞いた時だ。テーマは〈南極の政治学〉。南極は誰のもの? 現在、南極大陸には、日本はもとより、USA、ロシア、アルゼンチンなどの観測基地がある。でも、どこの領土でもない。それを定めているのが、1961年、13カ国によって公布された〈南極条約第5号〉、南緯60度以南の氷床を含む全地域に適用される条約だ。この地域の軍事利用は禁止され、平和目的のみに利用されること、科学的調査の自由はあるが、いかなる国も領土権を主張したり、請求したりできないこと、などが定められている。

私たちが白い雪の舞うなか上陸した、黒い岩と砂の島には、19世紀後半、大英帝国からアザラシ捕獲にやって来た人たちが住んだ粗末な小屋と、アザラシを輪切りにして煮つめ、脂をとったという錆びついた巨大なドラム缶が二つ、廃墟となって残されている。その脂は精製され、ロンドンなどの大都会の街灯を点したり、スイス製の時計の潤滑油として使われたりしていた。毛皮は、中国で人の手で加工された後、外套や敷物になってヨーロッパに送られ、豊かな人たちを暖めた。その結果、アザラシは絶滅の危機に曝され、元の数に戻ったのはようやく最近のことだという。

第二次世界大戦の時に、ドイツ軍の進撃を妨げようと建てられた板張りの見張り小屋がひっそりと残る島もある。結局、ドイツ軍はその前に敗れてしまったのだけれど。

人間の欲望は計り知れない。未知の資源が眠る南極大陸も遠からずその的になり、ずたずたにされてしまう可能性は極めて高い。でも、パブロは「現在の南極は地球の未来の姿だ」と言う。国境などなく、それゆえの戦いもなく、人間は他の生物と共に生きるために知恵と力を尽くす。このような南極の今を人々にぜひ知ってもらいたい、と穏やかな語り口に熱が入る。そのために、パブロのような若いスタッフたちは、短い夏の間、小規模に観光客を受け入れ、研究資金の一部を補うと同時に、〈誰のものでもない南極〉を伝える活動をしているのだ。

パブロが続けるスライドには、最近、USAなどから訪れる3000人もの乗客を乗せた豪華客船が映し出されている。領土や資源獲得の争いより観光が望ましいのは言うまでもない。だが、観光ツアーが環境に害を与えるのもまた事実なのだ。

そこまで聴いて、居心地の悪くなった私は、パブロに尋ねてみた。「南極を愛し、護ろうとするあなた方にとって、私たちのような観光客はどのような存在ですか」と。彼は、少し困惑したような表情を浮かべ、一つ一つ言葉を選ぶように答えてくれた。「南極を訪ねるなら、『他の五大陸はもう見たから、今度は南極でも』というような気持ちで来て欲しくはない。あなたたちが、南極の今と南極条約第5号の精神を伝える役目を引き受けてくれたら、僕はとても嬉しい」

２０１３年時点では、南極において観測基地の設営などを継続的に実施している南極条約協議国は28カ国、その他の条約締結国は22カ国に増えている。パブロたちの、そして〈南極条約第5号〉を編み出し、公布した人たちの夢が地球全体に広がる日が来るだろうか。その実現は決して易しくはないだろう。でも、その夢が潰える時、それは人間によってもたらされる地球終焉の時かもしれない。南極を想うこと、それは〈国境〉を考え出し、欲望に翻弄される人間が生まれた昔より、はるかに長い時を遡り、地球の始原に思いを馳せることなのだ。

帰りのドレーク海峡は、往きとは打って変わり、大荒れに荒れた。私たちの乗る船は45度で転覆の危険があるところ、最大42度傾いたらしい。一昼夜、波に激しく揺られ、私たちは再びウシュアイアの町に戻ってきた。あの荒波に隔てられた〈誰のものでもない大陸〉は、今、どんな姿を見せているのだろう。厳寒の奥地に一人立ってみたい、と、ふと思う。

4. 野生動物と生きる

南極ツアー用の小型船ウシュアイア号で南極上陸を先に果たしトパーズ号に戻ってきた人が、後発組の私に「ウシュアイア号のカウンターにフランス人の女性がいるよ。あなたと気が合いそうだから話してみたら」と教えてくれた。

10人乗りのゴムボートからウシュアイア号に乗り移り、割り当てられた船室に荷物を置き、最初に説明を聞いたサロンに戻ってみると、長さ3メートルもないカウンターの向こうに、スタッフのユニフォームの赤いポロシャツにジーンズ、金髪をショートカットにした、女優のジーン・セバーグに似た40歳前後と思われる女性がいる。余分な飾りは一切ないけれど、表情も動作もきびきびして、とても素敵だ。そんな彼女に英語で話しかける人も多い。飲み物やお土産用のポロシャツや絵葉書を売ったり、他のスタッフの手伝いをしたり。いつも休まず働いている彼女に、私はなかなか話しかけられずにいた。

三日目の午後だったか、高い波に船が揺れ、予定の上陸が中止になり、乗客は皆船室にこもってしまった。幸いにもまったく船酔いをしない私は気づくとサロンに一人。カウンターの彼女も手持無沙汰な様子。思いきってフランス語で話しかけてみる。「Mさんに聞いたのだけれど、フランスの方ですか？」彼女は一瞬驚いたような表情を浮かべ、すぐに微笑んでくれた。

まず互いに簡単な自己紹介。彼女の名前はヴァレリー。パリの南側の近郊ヴェルサイユで生まれ、18歳でフランスを出てから世界を巡っている、という。ウシュアイア号に乗っているのは3カ月間のアルバイトだそうだ。でも、いわゆる〈根無し草〉といった不安定さはまったく感じられない。

「何が好きなの？」と尋ねてみる。「動物が大好き。この船に乗る前はコンゴでチンパンジーと一緒にいたの」様々な理由で親と離れた子どものチンパンジーが野生に戻れるまで世話をする活動に参加していたという。「こうして抱きついてくるの」そう身振りをしてみせるヴァレリーは本当に嬉しそう。「専門的な勉強をしたわけではないけれど、実際に動物といるのが性に合っているの」「人間と違って動物には余分な欲がないから」「私は家も車も持っていないけれど、こうして好きな生き方ができていることが、何よりも幸せ」。

2カ月前に横浜を出てから、高層ビルひしめく香港とシンガポールを経て、インド洋を横切り、セイシェル、南アフリカ、ザンビア、ジンバブエ、ナミビア、ブラジル、アルゼンチンと旅してきた私は、これまでの自分の生活にあまりにも余分なものが多すぎる、と感じ始めていたので、彼女の言うことに心から共感できた。生きるのに必要なもの、って、本当はとても少ないのだ、と。

「ちょうど必要な分だけね（Juste ce qu'il faut）」「人間が生き延びるためには分け合わなくてはね」「そんな生き方は女性のほうが得意かも」私たちの話は続く。人生を自分の価値あると思うものに賭けている女性と語り合えたとても濃密な時間だった。

波が静まり、サロンに人が戻り始め、ヴァレリーも忙しくなった。少し距離を置いて改めて見ていると、彼女は誰にでも丁寧に応対している。言葉が通じない時には、身振りや表情から相手の望むものを懸命に読み取ろうとする。きっとこの人は人間のような言葉を持たない動物に対してもこんなふうなのだろうな、と思う。

それからまとまってヴァレリーと話せる機会はなかった。だが、帰途、猛烈な嵐に襲われた時のこと。皆は船室、私はまたヴァレリーとサロンに残された。彼女は酔い止めの薬を耳の後ろに貼りながらも、持ち場のカウンターを離れない。私は床に足を投げ出して座り、壁にもたれ、船が傾くたびに波が窓いっぱいに広がるのを「ロマン派の絵みたい」と思いながら見ていた。そこにひときわ大きな揺れ。ゴミ箱がとんできて、近くで中身が散らばる。それを身体を伸ばして一つずつ元に戻していると、ヴァレリーが這うようにやって来た。言葉を交わす余裕もなく、私たち二人は床に寝そべって黙々とゴミを拾った。

嵐の去った翌朝、南極ツアー終了の簡単なセレモニー。相変わらず忙しくしているヴァレリーと一緒に写真を一枚撮ってもらい、お礼の言葉と共にe-mailアドレスを記した名刺を渡すと、彼女は黙って軽くうなずいた。

その後一カ月半余り、さらに変化に富む船旅を終え、日本の我が家に戻った。パソコンを開き留守中のメールをチェックする。その中に見慣れぬアドレス。何気なく開くとヴァレリーからの便り。大急ぎで読む。あの後、ウシュアイア号を下り、次の仕事までの間、帆船でクルーズしているという。添付ファイルには、子どものチンパンジーと一緒の彼女の写真。そのチンパンジーは女の子でＭｖｎｄａという名前だとある。一人と一頭が、赤とベージュの布を張った椅子に寛いだ表情をして並んで座っている。そのあまりに自然な様子に、笑いと共に思わず涙があふれた。

それ以来、ヴァレリーは、折にふれ、写真を添えたメールを送ってくれる。アルゼンチンからは、次の仕事を探している、と。ボリビアからは、もう１００羽ほどしか残っていないアラ・ブルーというオウムの保護に6カ月間携わることになった、との知らせ。青と黄色の大きな美しい鳥だ。でも「遅すぎた」らしい。アラ・ブルーはもうすぐ地球からいなくなってしまうかもしれない、という。次のメキシコからのメールには、２００９年4月から5カ月間、絶滅が危惧される Alouatta palliate というサルの生態調査に参加する、とあった。濃い焦げ茶色の毛並みをした、尻尾の長い、ちょっとふけた感じのサルだ。次にはカエル。薄緑色の小さなカエルが目をパチクリ、今にもパソコンの画面から跳び出してきそう。それほど好きではなかったカエルだけれど、こうして見るとなかなか可愛い。

そんな写真には人間の仲間も写っている。ヴァレリーのように必要な時に必要な場所に駆けつける人もいれば、一つの場所でじっくりと問題に取り組んでいる人もいる。もちろん現地の人たちも。

ヴァレリーの便りは、今は家の事情で遠くへ行けないでいる私に、未知の空間への扉を開いてくれる。そこから、南極の冷たい張りつめた空気や、アンデスの山々を渡る風、メキシコの木々や花々の鮮やかな色彩、そして、地球に生きる無数の生命の息遣いが流れ込んでくる。それらを感じると、私はジャングルには行けないけれど、自分の仕事を通して「共に生きることへの願い」を伝えていきたい、と改めて思うのだ。

「２０１０年3月からニュージーランドにいる」と、澄みきった大気が伝わってくる写真を添えて知らせてきたヴァレリー。「いつか日本に来てね。野生動物は多くはないかもしれないけれど」という私の誘いに、「日本は訪れたい場所の一つ。近いうちに必ず行く」と答えてくれている。彼女が来たら、自然と調和して生きることを、長い時をかけて文化として育ててきた日本を見てもらいたい。これまで失ってしまったものがあまりに多いのは残念だけれど、彼女なら、そのことを嘆くより、これからを護ろうとする人たちの存在にきっと気づいてくれるだろうから。

でも、今の日本にあふれる〈もの〉を見たら、ヴァレリーは一体どう思うだろうか。"Juste ce qu'il faut."（ちょうど必要な分だけ）これが、彼女と私をつなぐ合い言葉なのだが。

＊ヴァレリーのホームページ：http://www.flkr.com/photos/valouvoyage

5.〈アメリカニスタ〉を知っていますか

横浜を出て数日後、トパーズ号の掲示板に〈スペイン語講座受講者再募集〉の掲示が出た。乗船前は考えてもみなかったのに「やってみようか」と心が動く。希望者が多く、行われることになった抽選にも当たり、簡単な面接を受けた時、フランス語が話せるから、と初級の次のクラスに入れられてしまった。先生はヤニック。カナダ出身で5カ国語を話し、手品などパフォーマンスが上手な30代半ばの小柄な男性だ。

ヤニックの巧みな指導で「私は日本人です」「駅はどこですか？」程度のことが言えるよう

になった頃、船は南米大陸に近づき、事務局の人が「チリで〈スペイン語を使って交流会！〉に参加しませんか」と勧誘に来た。40名の定員に満たないらしい。世界中を旅しているヤニックから「とにかく、自分の知っている単語を使って相手に質問し続けろ。答えは推測でだいたいわかるから」と威勢よく励まされ、クラス6名全員参加ということになった。

でも、乗船前に私がチリについて知っていたまとまった情報と言えば、ずいぶん以前に観た『サンチャゴに雨がふる』（監督・脚本：エルヴィオ・ソトー、1975、フランス・ブルガリア合作）という映画ぐらい。それは、1973年、社会主義的な政策を進めるアジェンデ政権を倒したピノチェト将軍の武力クーデターを主題としていた。その背後には国内保守派のみならず、当時のUSA政府の関与があり、多くの人たちが犠牲になったという。ピノチェト軍事政権が続いた17年間、民主化を求めた市民数万人が殺害されたり行方不明になっているとも聞いていた。今回、上陸を前に船内で観たドキュメンタリーのビデオ映画では、現在もなお土地獲得をめぐる抗争は絶えず、裁判ですら公正を期待できないというのだ。私たちが会えるのは一体どんな人たちなのか。どんな話をしたらよいのか、未知ゆえの不安が残る。

前もって知らされている交流の相手は、チリで最も歴史のある、自然保護と持続可能な開発の研究を推進するNGO〈CODEFF〉のメンバーで、待ち合わせ場所はバルパライソ。世界遺産に指定されている丘を埋めるスペイン統治時代の街並みと、湾を囲む美しい夜景で知られる港町だ。

3月20日朝、少し緊張しながら下船したターミナルホール。大きな人形を操りながら「ようこそ」と出迎えてくれる人たちがいる。皆とても落ち着いた知的な雰囲気だ。簡単なゲームをして4人ずつのグループに分かれる。私は、看護師を定年退職したばかりの日本人女性と、もじゃもじゃの髪と頬髭がひときわ目立つ大柄で褐色の肌の30歳前後の男性、そして軽くウエーブをした栗色の髪と透き通った白い肌をもつ整った顔立ちの若い女性と一緒になった。

私たちのグループは、まず、丘の斜面に沿って上り下りしている、褪せたピンクやブルーのペンキを塗った木箱のようなケーブルカーで丘の展望台に行き、港と町を眺めることになった。その間に簡単な自己紹介をする。女性はパオラ。ボリビアからチリの大学院に環境学を学びに来ている24歳。もう結婚していて子どもは4人欲しいという。赤い中国風の襟の立ったブラウスを着ているので「今日のため?」と尋ねると、「そう」と頷く。私たちが〈南米〉と一括りにしてしまうのと同様、彼女にとっては中国も日本も〈アジア〉なのだろう。でも、そんな心遣いが嬉しい。男性はアンドレス。チリ生まれの精神分析学の研究者。今回の交流会に参加する予定だった友人の急なピンチヒッターだそうで、戸惑いが表情に出ている。

二人は、坂道を歩きながら町の歴史の説明をしたり、市場を案内してナッツを買ってくれたりする。下船前に「バルパライソは治安がよくない」と注意を受けていたが、おかげで何の不安もない。ただ、私たちのスペイン語のレベルのせいで、二人の丁寧な説明への答えは単純な感嘆詞ばかり。話が深まらず、彼らも諦め顔だ。

互いに気を遣いながら午前の時間が過ぎ、市バスで集合場所の花時計に向かう。まだ来ないグループを待って石囲いに腰を下ろす。隣にはアンドレス。「どうしよう?」と困っている様子。私は、せっかくの交流会なのだから、と覚悟を決め、唐突だと知りながらフランス語で話しかけてみた。「フロイトはこの国ではどう見なされているの?」精神分析学の祖フロイトが、19世紀末のウイーンで、人間を性的な存在と規定した論文を発表した時、激しい非難を浴びた。アンドレスの専門を聞いた時から、私が閉鎖的なイメージを抱いていたチリでフロイトがどのように捉えられているのか知りたかったのだ。

アンドレスは一瞬驚いた表情を浮かべる。「専門家の間では認知されているけれど、評価は分かれている。精神分析学そのものが一般的にはまだあまり知られていないんだ」「宗教的には?」「もちろん、保守派は認めていないよ」。次にはアンドレスが「ボードレールをどう思う?」と尋ねる。19世紀半ばのパリに生きた詩人ボードレールは、母親とその再婚相手である義父への複雑な感情から精神分析学的な批評の対象になることが多い。「精神分析学的に解釈しても、彼の詩の美しさは説明できないと思う」。そんな会話が、アンドレスはスペイン語、私はフランス語で、時々確認のための英語を交えて続く。それにしても、共通に知っている固有名詞があってよかった……。

　そのうちに全員が揃い、郊外にある植物園へバスで移動する。植民地時代に大富豪の庭園だったという広大な植物園は、鬱蒼とした木々に覆われ、奥は見えない。「迷子になるから説明員から離れないように」との指示を受け、木陰で円いパンのサンドイッチとパックのジュースという軽い昼食をとった後、説明を聞きながらゆっくり園内を巡る。

　しばらくすると、アンドレスが集団から少し離れ、「ちょっと」と合図をする。「なに？」と近づくと、「〈アメリカニスタ〉って知ってる？」「知らない」と答えると、白いシャツの袖をまくって自分の薄い褐色の腕を見せる。「僕は混血なんだ。この国には三つの階層がある。白人、混血、先住民だ。チリは、ピノチェトのあと民主化されたと言われているけれど、政治、経済、教育、どの分野でもこの三つは決して交わることのない身分社会なんだ」「それで〈アメリカニスタ〉って？」「USAはたかだか200年前にできた国だ。僕たちにはあの国は〈アメリカ〉じゃない。それ以前の文化を取り戻そうという運動だ。物質主義ではなく、自然と共存する生き方だよ」「現実の国際社会で可能なの？」「ブラジルの石油、ボリビアの天然ガス、チリの鉱石といった資源を合わせれば可能だ」「ベネズエラのチャベス大統領はどう思う？」「手法は確かに民主的ではない。でも、それは過渡的な段階では仕方がない場合もあるし、〈アメリカニスタ〉の旗振り役として、今は彼を応援している」。

北からの情報があふれる日本にいると、アメリカ＝USAだと思い込んでしまう。でも、USAの存在は歴史の時間軸ではほんの短い期間にすぎない、という事実、そして、過去の歴史を検証し、過去と捻じれのない方向で未来を築こうとしている若い人たちが育っている、という現実に改めて気づかされる。アンドレスは他の人への心遣いからか、抑えた声で話す。現在のチリで〈アメリカニスタ〉の活動家であることは、ピノチェト時代のように危険を伴うのだろうか。それを尋ねることはできなかった。

帰りのバスで隣に座ったパオラに「〈アメリカニスタ〉をどう思う?」と問いかけてみた。「現実的じゃない。USAともうまくやっていかなければ」。バスが海辺の閑静な住宅街を通った時、「私の家はこの辺り」と教えてくれた白い肌のパオラは、チリより貧しいボリビアに生まれても、富裕層に属しているのだろう。もちろん〈環境〉は階層を超えた問題だから、若くて素直な彼女は、今は真っすぐにその問題だけを見ているようだ。でも、いつか、環境問題も政治と切り離すことができないことに気づくだろう、そう思いながら彼女の意見を聞いていた。

トパーズ号の船内を案内した後で、別れる時が来た。メールアドレスを交換しながらアンドレスは「日本に帰ってからもメールでディスカッションしようよ。でも、またチリにゆっくり来たらいい」と言葉を添えてくれた。

その夜遅く、私たちの船はバルパライソの港を出た。二人に案内してもらった丘は家々の小さく瞬くオレンジ色の灯で覆われている。水や食べ物を運ぶのに大きな労力のいるこの坂の町では、上にいくほど貧しい人たちが暮らしているのだ。私は、かすかに揺れる町の灯が暗い海に消えてしまうまで甲板を離れることができなかった。

私が日本に戻ってから届いたアンドレスのメールには、研究の他に演劇活動を通して子どもたちの教育に携わることになったことや、〈アメリカニスタ〉についてもっと知りたかったら見るサイトが記してあった。２０１０年2月27日、チリ沿岸を襲った大地震と津波が報じられた。しばらく連絡の途絶えていたパオラとアンドレスに急いでメールを送ると、二人ともすぐに返事をくれた。パオラは自宅に、アンドレスは実家に被害があったそうだが、命は無事だったそうだ。いくつかの偶然の結果知ることになった、太平洋を隔てたはるか遠くの港町とそこに住む人たちが、今はとても近くて懐かしい。

＊アンドレスのおすすめサイト（スペイン語）
http://video.google.com/videoplay?docid=-639917879259387994

6．タヒチは〈楽園〉か

3月26日夜、船がモアイ像で知られるイースター島を離れた頃から、アロハと半ズボン、裸足で歩きまわる大柄な50代半ばかと思われる男性を見かけるようになった。褐色の肌、縮れた髪と頬髭。南国に迷い込んだ雪男のようなその人が「タヒチで反核運動を立ち上げたガビさん」だと誰かが教えてくれた。

ピースボートでは、寄港地ごとに〈水先案内人〉と呼ばれる講師が乗ってきて、主に次の寄港地に関するレクチャーをしてくれる。その人たちの講義やディスカッションを通して、その土地の抱える様々な問題への取り組みの〈今〉を知ることができる。ガビさんもその一人なのだ。

二日後だったたか、船内の共通スペースを通りかかると、ガビさんがこちらに向かってくるのが目に入った。他に人もいず、こんな場合黙って通り過ぎることも船ではあまりしないので、何気なく"Bonjour!《ボンジュール》"と挨拶をした。タヒチはフランスの保護領だから公用語のフランス語で。するとガビさんが足を止め、大きな身体をこちらに向けて「フランス語を話すの？　ちょっと医務室についてきてくれない？」とかすれ声で言う。どうやら風邪をひいたらしい。船のスタッフのほとんどは東南アジア、中南米、東欧の人たちだが、医師と看護師は日本人なのだ。そのまま医務室に付き添うことになった。簡単な問診のあと、風邪薬と喉薬をもらう。ガビさんは喉薬の錠剤を大きな掌に載せると、説明も待たずに口に放りこみ、バリバリと噛み砕くではないか。「待って、それはゆっくり舐めるものよ」あわてて言ったが後の祭り。それがガビさんとの出会いだった。

次の日、私が廊下に並ぶ円い机で本を読んでいると、ガビさんが相変わらずのかすれ声で「お茶でもどう?」と誘ってくれる。私は喫茶室の赤いソファにガビさんと向かい合って座り、インタビュアーのごとく質問を続け、長い話を聞かせてもらうことになったのだ。

まず、反核運動を始めた動機について尋ねてみる。ガビさんがタヒチで小学生だった頃、遠くのキノコ雲を目にして「あれは何?」と先生に尋ねると、返ってきたのは「虹のようなものだよ」との答え。教会にはキリスト像と並んでキノコ雲のポスターが貼られ、核実験は人類を救うもの、との印象を与えていたという。当時、ガビさんの周囲で核実験を問題にする人はいなかったそうだ。

1970年代半ば、フランスのボルドーに留学したガビさんは、テレビで広島と長崎の惨状を伝える番組を見て強い衝撃を受け、核実験について調べ始めた。そうして、自然に及ぼす悪影響や島民の被爆の可能性に気づき、居ても立ってもいられず一人で役所に抗議に行った。あくまでも非暴力の意志を示すために、棒の先にタヒチの人たちが身につける色鮮やかな布、パレオを結んで。

「他に協力者はいなかったの？」「最初はいなかった。タヒチからの留学生はたいていエリートで、島に戻れば偉くなる人たちだから、政府相手に面倒を起こしたくないんだよ」。孤立の中で立ちあがったガビさんは、それから数年フランスにとどまり、問題を提起し続けた。その結果、タヒチの状況についてまとめた博士論文の公開審査には、世界中から数百人の人たちが集まってきたという。

タヒチに戻ってからも、ガビさんはこつこつと核実験や核そのものの廃絶を訴える活動を続けた。「来る者は拒まず」という島民性からか、本国からの保護領への助成金の故か、運動はなかなか広がらなかったが、諦めようと思ったことは一度もない、と言う。「それはどうして？」「自分の祖母の生き方から大きな影響を受けていると思う。黙って必要なことをし続けていたからね。やはり小さい頃の教育は大事だよ」「それじゃ、ガビさんの兄弟はみんな同じなの？」「いや、そうでもないな」ちょっと複雑な表情を浮かべる。やはり、家族全員が〈反核運動家〉というわけではなさそうだ。

そこで話題を変えてみる。「画家のポール・ゴーギャンをどう思う？」「芸術的な価値はよくわからないけれど、僕にとっては少女買春者でしかない。ゴーギャンはタヒチにオリジナルを一枚も残さなかったから、一般の人はゴーギャンなんて知らないよ」タヒチにゴーギャンの絵が一枚もないなんて……意表を突かれてしまった。

私がタヒチを知ったのは、日本で海外旅行がまだ特別だった小学生の頃、家の本棚に忘れられたように並んでいた西洋絵画全集の一冊を何気なく手に取り、その表紙を見た時ではなかったか。背中を見せながら顔をこちらに向けた赤いパレオを巻いた女と、視線を斜めに前を向いて座るピンクのワンピース（今思えば〈西洋化〉の記号だったのだろう）をまとった女が画面いっぱいに描かれている。花を挿した黒く長い髪と褐色の肌と逞しい身体つき。それを見て〈南国〉という語のもつ明るさより、むしろ倦怠と寂寥を感じた記憶が遠く残っている。

その頃から次第に美術が好きになり、自分で描くことは学生時代でやめてしまったけれど、観ることはずっと続けてきた。そのうち、あの絵はフランスの19世紀後半の画家ポール・ゴーギャンがタヒチを描いた作品だったこと、パリで資本主義の請負人ともいえる株式仲買人としてある程度の成功をおさめていた彼が、画家になることを決意し、日本美術にも影響を受けながら絵画の実験を繰り返したこと、南仏でのゴッホとの共同生活とその破綻の後、妻子を捨て、〈楽園〉を求めて一人タヒチに旅立ったことなどを知るようになった。各地の美術館を訪れて直接に作品を何度も見たし、評伝や画家自らが綴った『ノアノア』（１９０１）も読み、テレビや雑誌で批評にも数多く触れた。当時、私のようにゴーギャンからタヒチの存在を知った日本人は少なからずいるのではないだろうか。

そうして、ゴーギャンが感じていた当時の〈文明国〉フランス社会を覆う閉塞感や、そこにはない〈何か〉への憧憬、晩年の大作『我々はどこから来たのか、我々は何者か、我々はどこへ行くのか』（1897～98）に凝縮される、生命の根源に迫りたいという切実な思いに共感する一方で、ゴーギャンの我欲に翻弄された人たちの苦しみ、さらには当時のヨーロッパの人たちの〈南国への憧れ〉が幻想であることなどはある程度知っているつもりだったし、現地での反発も予想していた。でも、タヒチに彼の作品が一つも残されておらず、そこに住む人たちがゴーギャンの絵を見たこともないなんて、考えもしなかったのだ。迂闊だった。

第二次大戦後、戦勝国は南太平洋を分割し、各々の国の海外県や保護領にしてしまった。フランスは、1960年からアルジェリアのサハラ砂漠で、大気圏4回、地下17回の核実験を行い、アルジェリアがフランスから独立すると仏領ポリネシアにその場を移し、66～74年に大気圏で41回、75～91年に134回、95～96年に8回の地下核実験をしている。その間それと知らずに被爆した人たちは今も放射能被害に苦しみ、サンゴ礁の地下に残された核物質が海に流れだす危険はずっと続いているのだ。

ナチスからフランスを解放するのに主要な役割を果たした〈自由フランス〉を率いたド・ゴール将軍は、戦後、大統領になってタヒチを訪れ、島民を前に「あなたたちは核実験という人類の未来を賭けた壮大な実験に立ち会うことになる」と大仰な演説をし、仏領ポリネシアで核実験を始めた。それならば、なぜその「壮大な未来への実験」を自分たちの住む場所に近い大西洋や地中海でしなかったのか。そしてまた、芸術家ゴーギャンの実存の探求は、南国の少女たちを愛人にするような行為によってしか果たせなかったのか。彼が自分の作品をタヒチには残さず、パリのサロンの審査会に送り続けたのはなぜだろう。

この数百年の間、世界の情報の多くは白人男性から発せられた。彼らが自分たちを世界の中心だと自負し、またそれが現実でもあったのは否定できない。タヒチ上陸を前にして船内で配布された一筆書きのようなパペーテの地図では、一番広い通りは〈シャルル・ド・ゴール通り〉、市役所前の通りは〈ゴーギャン通り〉と記されている。一体、いつ、誰が、誰のためにそう名付けたのか。そう名付けた人たちによって築かれてきた文化や芸術、そして、それを疑いもなく取り入れてきた人々の、そして私の意識とは何なのか。

ガビさんは決して一方的な批判はしない。西欧の傲慢と同時に、自ら問題に気づこうとしないタヒチの人たちの怠慢にも気づいている。その上で、農業と漁業を生活基盤とした〈オクトパス構想〉を提案しているのだが、それについては次に述べよう。

私たちの船は山々の濃い緑を映すパペーテの港にゆっくりと入っていく。南国の木々の合間には明るい色のホテルやコテージが、手前の桟橋の向こうには観光客向けの小さな屋台が並ぶ広場が見える。ガビさんの話を聞いていなければ、その風景もまた違って見えていたかもしれない。「知らないこと」「知ろうとしないこと」はとても恐ろしいことだ、と改めて思う。

7. オクトパス構想

船はチリのバルパライソの港を出て、3月25、26日にイースター島を訪れた後、タヒチに向けて空と海の間を1週間かけて進んで行く。海の色は透明な群青色から次第に緑色を帯びてくる。トビウオが船と競うように海面すれすれに飛び、雨上がりに大小の虹が浮かんでは消える。視線を遠くへ移すと、水平線がかすかに曲線を描いている。地球はあまり大きくない球体だと実感するのはこんな時だ。

そんなゆったりとした航海の間に知ったのが、タヒチの反核実験の運動を立ち上げたガビさんとその仲間の〈オクトパス構想〉だ。現在〈南太平洋〉と呼ばれている海に点在する島々に住んでいたマオヒの人たちは、かつて自在に舟を操り、果ても知らぬ大海原へと乗り出していった。たどり着いた島に誰も住んでいなければ、そこにある石にオクトパス、つまり蛸《たこ》の姿を彫りつけ、自分たちの土地にしたという。その範囲は、タヒチを中心に、東はイースター島、南はニュージーランドを含む。現在その地に住む人たちで自然をいかした漁業や農業を基に独立した連邦を作ろう、というのが〈オクトパス構想〉だ。

私は、船内で偶然ガビさんと話をするようになり、タヒチ上陸日の予定を変更して、〈タヒチアンの挑戦〉と名付けられた交流会に参加することにした。パペーテの港からバスで2時間ほどのヴァイオラ村にある寮制度の農業学校〈MFR〉と、ガビさんが創った農業共同体〈ヒティ・タウ〉を訪ねるプログラムだ。参加者は英語の通訳を兼ねたピースボートスタッフを含め三十数名。

4月2日、パペーテの港からバスに乗り、南国の木々の間に低い建物がまばらに見える道をしばらく走ると、他よりは大きな二階建ての白い建物が見えてくる。ガビさんの説明によると軍の病院だという。フランスの核実験が行われる際、軍関係の施設で働く現地の人たちは、その病院以外で診療を受けることを禁じる契約書にサインさせられたそうだ。さらに進むと、ヤシの葉で屋根を葺《ふ》いた粗い板張りの粗末な納屋のような建物が目に入る。核実験の日、島の人々は詳しい説明もないままそこに集められた。フランス本土から来た兵士は厚いコンクリートの防壁に囲まれた建物に身を隠していたにもかかわらず、だ。その結果、ほとんどの島民が知らずに被爆していると聞く。

そんな話にあぜんとしているうちに農業学校に着いた。春休みなのに、先生数人と10人ばかりの男子生徒が登校して迎えてくれる。20畳ほどの広さの寮の食堂に入ると、白いタイル張りの床、薄い水色に塗られた壁に白い枠の窓が大きく開き、そこから草木の濃い緑が見える。真ん中に置かれたテーブルには、南国の果物、ストローをさしたココナツの実、サイコロ状に切った生魚（おそらくマグロ）をココナツミルクであえたサラダなどが並べられ、それを色鮮やかな花々が飾っている。昼食を食べながらの先生方の歓迎の挨拶は、派手な修辞もなく短めで、10代半ばの生徒たちも内気そうだ。ほとんどの生徒が日本人に会うのは初めてで、数人いる先生も含めて英語はあまり得意ではなさそうだ。でも、南国の日差しのせいか、交わされる言葉は少ないのに、部屋には寛いだ歓迎の空気が緩やかに流れている。これならこちらも無理に言葉を探さなくてもよさそうだ。

昼食の後、学校の建物と敷地続きの畑に導かれる。案内はジャン・ジャックという40代と思われる先生。森に続く斜面には、ココナツやバナナ、パッションフルーツやグアバなどの果物の木、その下の地面にはタロイモが植えられている。規模を大きくした家庭菜園のようだ。ジャン・ジャックが時々バナナや果実をもいで皆に勧めてくれる。狭い道を少し登って振り返ると、遠くに昼下がりの凪いだ海が小さく煌めいている。風はほとんどない。

次第に木々が密になり、辺りは薄暗い。梢《こずえ》が見えないほどの大木の陰の、低い石組みの囲いが残っている場所に着く。土地の神々の祭壇跡で、フランス統治以前の王族の墓も近くにある。

そこにガビさんが先回りして待っていた。かつてその場で行われていた儀式を再現してくれるのだ。高さ20センチほどの石組みが囲む2坪ほどの地面の上にバナナの葉を重ね、その上に果物を盛る。島の各地から集まった人たちは、そこに自分の土地の石を持ってきて供えたという。石にはその土地に住む人々の魂が宿っていると信じられていたのだ。私たちは皆で手をつないで祭壇を囲み、短い黙禱を捧げる。

その後、山を下る途中、切り開いたばかりの畑に皆でタロイモの苗を植える。次の年には根が食べられるほどに育つという。私が植えたタロイモを誰が食べてくれるのだろう、想像すると嬉しくなる。

学校に戻って水着に着替え、赤やオレンジ色の花々が縁取る、アスファルトで舗装された2車線の道路を浜辺に向かう。海側にはヤシの木が逆光のなか黒いシルエットになって続き、山側にはシダが繁る。私たちの他に人影はなく、時折自動車が通り過ぎていくだけだ。

しばらく歩いて小さな浜辺に着く。海に入り、沖に向かって泳ぎ、仰向けにぽかんと浮かんで昼下がりの空を眺める。岸に戻り、木陰でガビさんが切り分けてくれる冷やしたパイナップルにかぶりつく。時が止まったような、ずっと昔からここでこうして暮らしていたような、不思議な感覚に襲われる。ガビさんから「各々好きな石を一つ探して持っていて」と言われ、私は、掌にちょうど収まる大きさの、赤茶色に白い模様の入った丸い石を選んだ。

太陽が低くなった頃、また30分ほどバスに乗り、ガビさんが中心になって創り上げた農業共同体〈ヒティ・タウ〉を訪れた。〈ヒティ・タウ〉は谷間に広がる畑を見渡す山の中腹にある。バスを降りて狭い通路を通り、低い木立に囲まれた200坪ほどの庭に出ると、そこに20人ばかりの男女が待っていてくれた。山側にはテラスが大きく開いた集会所の建物。木の柱が地面から1メートルほど上がった床を支え、屋根はヤシの葉で覆われている。その前に広がる庭の左側には低い石の舞台、右側の地面には円くバナナの葉が敷かれ、その上に果物や花を供えた祭壇が設《しつら》えてある。その祭壇の向こうに掘られた浅い窪みには火が焚かれ、薄く、青く暮れていく庭を浮かび上がらせている。

祭壇と火を囲んで皆で手をつなぐ。ガビさんがタヒチの言葉で歓迎の言葉と神への感謝の祈りを唱える。次に、場所を変えて石の舞台に立つガビさんに、私たち一人一人が先ほど浜で拾った石を手渡す。「特定の信仰は持っていない」と言っていたガビさんだが、こうした宗教的な儀式を行うことで、この地を訪れる人たちに、いや、何よりもここに生まれた人たちに、土地の歴史の記憶を呼び覚まし、生きる姿勢を思い起こして欲しいと願っているのだろう。

ヤシの葉で葺いた屋根の下に置かれた木組みのテーブルには、幾種類もの手作りの料理が木の大皿に盛られている。アイスボックスに入った缶入りの冷たい飲み物はガビさんの〈おごり〉だ。三々五々散らばって、地面に座って食事を楽しんでいるうちに、辺りは濃い闇に包まれ、炎はますます勢いを増す。いつの間にか人の数も増え、石の舞台では、赤に白の大きな花模様のタヒチの衣装をまとった女性が二人、ウクレレの音に合わせてゆったりとした踊りを踊っている。

他の人が住む土地は奪わず、来る人は温かく迎える。共に働き、大地や海から必要な糧を得、それを分かち合う。そんな暮らしを〈ヒティ・タウ〉は目指しているようだ。集会所の裏には前年に完成した二階建ての宿泊所がある。世界中からこの場所に学ぼうと訪れる人たちを受け入れるのだ。ガビさんは、これらすべてを自分たちが育てた農作物から得た資金でやり遂げた、と誇らしげだった。

〈ヒティ・タウ〉を訪れる前に、船内でガビさんと長く話す機会を得た私にはわかる。ここまで来るのにどれほど大変だったか、が。フランスの保護領として、さらに核の実験場になる代償として与えられる補助金に頼り、働く意欲を失った大人たち、観光客が持ち込む一見華やかな生活に惑わされ、アイデンティティーを失い、自らの将来を見出せず、麻薬に逃げる若者たち……先に訪れた農業学校で、「皆内気なのね」と何気なく言った私に、「ここは普通の学校に適応できず不登校になった若者の受け皿にもなっているんだよ」とガビさんがそっと教えてくれた。否応なく押し寄せる異質の生活習慣に戸惑い、自分たちの拠って立つ土地や文化への誇りを見失っていく同郷の人たちを見て、独立心の強いガビさんはどれほど悔しい思いをしたことだろう。

だが、実際には、ガビさんの思い描く〈オクトパス構想〉は一定の支持は得ているものの、今は決して多数派ではないようだ。私にも、チリがイースター島を容易に手放すことはないだろうし、イギリスの統治の下に経済成長を遂げたニュージーランドが、今の状況をたやすく変えるとも思えない。でも、そのかすれ声は被爆ゆえの病からかもしれない、という噂もあるガビさんが、自分の夢を捨てることも決してないだろう。裸足で国連にも出かけていくというガビさんを頼もしく思いながら、命を賭して大海原を突き進む巨人の孤独と哀しみもまた感じてしまうのだ。

8．〈歴史〉を作るのは誰？

4月2日タヒチ上陸の日、タヒチの反核実験運動家のガビさんに案内され、〈タヒチアンの挑戦〉と名付けられた交流会に参加した。参加者は三十数名。訪れた場所の一つが、伝統農業を取り戻し、それを担う若者を育成する農業学校〈MFR〉。学校付属の農場を案内してくれたのはジャン・ジャックという先生。英語はあまり得意ではないらしく、いつの間にか、たまたまフランス語を話す私が通訳のようになってしまった。そのタヒチ風発音のせいか何度も聞き返すことが多かったが。

　ジャン・ジャックは40代半ばか、小柄な引き締まった身体つき、顔立ちも繊細な印象を与える。他の先生たちのようなアロハではなく、白いカッターシャツを着てボタンをきちんと上までかけている。いかにも真面目そう。山の斜面を切り開いて作った農園を案内してくれる間に、何度も「神さまのおかげで」という表現が入る。その「神さま」とは、どの神さまなのか、気になりながら、最初から尋ねることもできずにいるうちに、畑に続く森の、大木の下に残る石組みにやって来た。

　縦3メートル、横2メートル、高さ20センチほどのその石組みは、かつての祭壇跡だ。近くには王様が座ったという黒いごつごつした石の低い椅子も残されている。かつてその辺りは神聖な場所とされ、男性は履物を脱がなければ入れず、女性は立ち入ることさえできなかったという。先回りしていたガビさんが祭壇にバナナの葉を重ねた上に果物を盛って供える。ジャン・ジャックを除く皆で手をつないで祭壇を囲み、目を閉じる。ふっとすべての音が消え、時空を超えた異空間に迷い込んだような感覚に浸される。「特定の信仰は持っていない」というガビさんだが、そこは自分たちマオヒの精神文化を象徴する大切な場所のようだった。

　短い黙禱の後、皆各々好きな場所へと散って行き、私はジャン・ジャックと残された。すると、それまで黙っていた彼が、突然大きな身振りを交え、「昔、ここで人間を食べたんだ」と訴えるように言うではないか。一瞬戸惑いを見せた私に、「そんな野蛮な習慣をキリスト教がやめさせたのだ」と続ける。ジャン・ジャックの〈神さま〉はキリスト教の神だったのだ。ガビさんが〈土俗宗教〉の儀式をしている間は控えていたがこれだけはどうしても言っておきたい、との強い思いがひしひしと伝わってくる。さらに「今ではタヒチでは皆がキリスト教徒だ」と言葉を重ねる。

それを聞きながら、私は以前から関心を持っていた〈カニバリズム〉をめぐる論争のことを思っていた。一般的に、食人習慣は、最も〈人間らしからぬ行為〉として忌み嫌われるものの一つだ。そしてそれはまた、西欧列強が地球制覇に乗り出し、カリブ海の島々、南北アメリカ、アフリカ、そして南太平洋を征服し、そこに住む人々や文化を〈野蛮な存在〉と決めつけ、〈文明化〉していく過程を正当化するために用いられた言説の一つでもあった。それが、少なくとも一部は正確ではない情報によって作られてきたものだということが今では明らかにされているが。

ジャン・ジャックの母方はタヒチの王族の家系で、代々の墓は私たちが訪れた祭壇の近くにあるという。父親は18歳の時、フランス本土から兵士としてタヒチにやって来て、ジャン・ジャックの母親と恋におち、そのまま留まることにした。今でも「タヒチに住んでよかった」と言っているそうだ。そんな二人の息子ジャン・ジャックは、フランスから持ち込まれたものを〈善きもの〉として受け入れ、タヒチのエリートとして〈宗主国風の近代的生活〉を享受してきたようだ。

他の人たちが農業学校のスタッフと耕運機に乗ったり、タロイモを植えたりしている間、私は、傍で見守っていた農業学校の校長先生に尋ねてみた。赤に白い模様のアロハを着た、褐色の肌の50歳ぐらいの男性だ。「もしよければ、タヒチの宗教について教えていただけませんか」と。すると「フランス統治以前にもたらされたプロテスタント系のキリスト教、フランス支配と共に入ってきたカトリック、そして〈ユナイテッド〉というタヒチ流のキリスト教派があります」と答えてくれた。「この学校は?」「私たちは食事の前にクリスチャンとしてのお祈りをします。でも強制ではありません」「昔からの宗教はどうなっているのですか?」「それも残っています」その穏やかな語り口から、ジャン・ジャックとは違って、宗派にそれほどのこだわりはないように感じられた。

木陰に身を隠すようにして私たちを見ていた校長先生の奥さんにも話しかけてみた。校長先生と同じ模様のゆったりした裾の長いタヒチの衣装にほっそりした小柄な身体を包み、濃い褐色の髪を一つに編んで長く垂らしている。日本人に接するのは初めてだという。「日本のこと何かご存知ですか?」「フィジーからのテレビ放送で〈スモウ〉は知っています」身振りで、力士の真似をしてみせる。「それ以外は？」「オクトパスを見たわ。生きたままオクトパスを食べた人の喉に吸盤が吸いついて苦しそうだった」真似をしながらおかしそうに笑う。日本で流行りの食べ歩き番組で蛸の躍り食いを見たのだろう。「日本について知っているのはそれぐらいかしら」と恥ずかしそうだ。

「画家のゴーギャンのこと、ご存知ですか？」「最近、名前を聞くようになったけれど、どんな絵か知らない」との答え。生活について尋ねると、自分たちには子どもは4人いるが、フランス政府からの補助があるので生活は苦しくない、と言う。独立を目指すガビさんたちの〈オクトパス構想〉についても尋ねてみたが、ほとんど関心がないようだった。

マオヒの人たちは文字を持たなかった。だから、彼らの歴史を自ら綴った正確な資料はない。そこに、文字を持ち、書き記す術を持った人たちがやって来た。圧倒的な武器と、自分たちの宗教と、自分たちが作った歴史の教科書と共に。

フランスは、植民地化した土地で、本国の制度を模した学校を作り、フランス語を教え、歴史を教えた。北アフリカでもインドシナでも、その歴史の教科書は「我々の祖先ガリア人は……」で始まっていた。〈ガリア〉とは、主に、現在〈フランス〉と呼ばれる、紀元前1世紀、シーザー率いるローマ軍と戦い、敗れてその支配下に入った地域だ。ガリアから遠く離れたタヒチでの歴史の教科書もやはりそれと同様だったという。

フランスの保護領として、タヒチが物質的に豊かになり、教育制度も整い、さらには人権についても以前より意識され、女性の地位も向上したのは確かなのだろう。校長先生夫妻はそんな現状を肯定的に受け入れているように思えた。過去に囚われず、未来への過度の期待もない。こんなふうにこだわりがないのが〈タヒチ風〉なのかもしれない。

だが一方、反核運動の中心、ガビさんは、フランス留学を経てタヒチに戻ってからは裸足で暮らすことを決め、国連にも裸足で出かけていく。生まれた時にもらった〈ガブリエル〉というフランス風の名前は使わず〈ガビ〉と現地風にしか名乗らない。そして〈土俗信仰〉を自分たちの精神文化の基盤と位置づけているようだ。残念ながら、ガビさんに〈カニバリズム〉について尋ねる機会はなかった。森の中の祭壇での儀式の折、そのことについて何も触れなかったガビさんからはどんな答えが返ってきただろう。

今となっては、文字による記録の残らない〈カニバリズム〉の実態や、それを含むタヒチの〈歴史〉を知ることはもはや不可能かもしれない。それにしても本当の〈歴史〉はどこにあるのか。そもそも客観的な歴史は存在するのだろうか。あるとしても、誰がその善し悪しを決めるのだろう。消えていく時の流れの中で、事実と事実ではないこと、せめてそれを明確にしようとする努力が〈歴史〉と呼べるのかもしれない。

夜も遅くなって、私たちはパペーテの港に戻ってきた。バスから降りると海からの風が快い。

栈橋近くに並ぶ食べ物や土産物を売る屋台の店にも、もう人影はまばらだ。一人でぶらりと歩いてみる。黒い貝殻を磨いた三日月形のチョーカーを見つける。「いくら？」「20ドル」一気に入ってるんだけど、どうしようかな……」「それじゃ10ドル」あっさり半額にまけてくれた。日本の熾烈な価格競争や、果てしなく続く歴史認識をめぐる論争についても考えさせられた長い一日だった。

３週間余り後、家に戻り、たまった郵便物を整理していると、一枚の写真から作った絵葉書がある。青空の下、ヤシの木を背景にした白い砂浜に、子どもも交じった30人ほどの人たちが〈ＭＡＯＨＩ　ＨＯＬＯＣＡＵＳＴ　ＭＯＲＵＲＯＡ〉（マオヒ　ホロコースト　ムルロワ）と記した反核実験の幟《のぼり》を掲げ、海を向いて立っている。その右から2番目に、ひときわ大柄な、裸足で砂浜を踏みしめている男性、ガビさんだ。船で、私が「タヒチの人が書いた文学作品があるなら、訳してみたい」と何気なく言った時、「僕は詳しくないけれど、知り合いの専門家の名前を教えてあげる」と答え、そのままになっていたのを憶えていて知らせてくれたのだ。自室の本棚に置いたその絵葉書を見るたびに、南の海の煌めきと、その静けさを破って〈歴史〉を創ろうとする人間の、傲慢ともいえる営みを思うのだ。

9．忘れることはできますか

船旅も残すところ1週間、船内では別れを惜しむ人の輪が目立つ。4月21日、最後の寄港地パプアニューギニアのニューブリテン島に上陸だ。日本では第二次大戦の激戦地として知られている。島に近づくにつれ、濃い蒼空に灰色の煙の柱がゆっくりと立ち上るのが見えてくる。タヴルヴル火山の噴煙だ。島を覆う木々の緑はひときわ深く、朝の海が強い日差しにキラキラと輝く。

この日、私が参加するのは〈旧日本軍戦跡をめぐる〉コース。多くの島からなるこの国の、東ニューブリテン州の州都ココポと、ココポから約30キロ離れたラバウルに残る日本軍の戦いの跡だ。参加者は港から十二、三人が乗れるバン10台ほどに分乗し、時間差をつけて目的地を巡る。私たちの乗ったバンの現地英語ガイドは40代と思われる落ち着いた雰囲気の男性ウイズビーさん。ウイズビーさんの英語を日本語に訳してくれるピースボートの通訳スタッフN君がついてくれる。東京で建築学を専攻し、留学経験はないのに英語の堪能な20代後半の青年だ。

まず、私たちのバンが向かったのは〈山本五十六司令官地下壕跡〉。ものものしい名前からの予想とは異なり、着いたのは畑の中にわずかに土が盛り上がった場所。よく見ると、コンクリートで縁取られた入り口らしきものがある。数人ずつ一列になって中に入り、背をかがめ、両肩をすぼめるように通路を数メートル進むと、直径数メートルの円形スペースで行き止まりだ。円くカーブした天井も一番高い所で2メートルあるだろうか。通風孔もなく、空気が淀んでいる。中央に小学生が使うような木の机と椅子が一つずつ。弱いライトで照らすと、粗いコンクリートの壁に、これ以上単純にはできないこの島の地図らしきものが一筆書きのように描かれているのがわかる。「子どもの秘密基地のような、これが日本海軍の司令部？」明るい外に出ても信じられなかった。

次に訪れたのは〈バージトンネル〉。日本軍が低い山の斜面に横穴を掘り、軍艦を隠して置いた場所だという。林の陰に開いた入り口の高さと幅は各々3メートル、奥行きは20メートルぐらい。トンネルに入り、木組みの階段の上から眺めると、ようやく原形をとどめる小型の釣り船ほどの黒い鉄の塊が数個、縦に並んでいる。これで太平洋で戦うつもりだったなんて……。

現実感の希薄なまま〈ココポ戦争博物館〉へと向かう。ココポは、1994年、三つの火山の噴火で壊滅的な被害を受けたラバウルに代わり州都の機能を果たしている町だ。だが、バンの窓から見えるのは、木々の間にまばらに散らばる低い建物ばかり。人影もほとんどない。

バンは、ペンキの剝げた木造二階建ての、日本ならさしずめ廃校寸前の山村の分校といった建物の前で止まる。屋外に付けられた狭い階段で2階に上がると、仄暗い部屋が一つ。受付もなく、監視人もいない。閉じた鎧戸の隙間から差し込む陽光の中、ぼんやりと細かい埃が舞い上がる。壁に沿って、コルクのパネルが数枚並び、その前に向かい合うようにして置かれた飛行機の残骸が二つ。

ウイズビーさんによると、私にはどちらとも判別のつかない、この壊れた大きなプラモデルのような二つの飛行機が、米軍の戦闘機〈B29〉と日本軍の戦闘機〈零戦〉だという。こんな乗り物に命を預けて若者たちは南国の空に飛び立ったのだ。

パネルには色褪せた幾葉かの写真とわずかな文書資料が押しピンで無造作に貼られている。何の説明もない。丹念に見ていくと、この地を通り過ぎた〈列強〉の足跡が年代順に並べられているようだ。ドイツ、オーストラリア、日本、米国……各々の軍服姿の記念写真に土地の人は写っていない。当時、この地に住む人たちには、まとまった情報を得る術などなかっただろう。そんな彼らの目に、突然の侵入者やその戦いはどのように映っていたのか。自分たちが巻き込まれた戦いの規模や歴史的意味など、知る人はいたのだろうか。

どれほどの間、そんな思いに沈んでいたのか。気づくと、部屋にはウイズビーさんとN君と私だけ。手持無沙汰な様子のウイズビーさんに尋ねてみた。「アメリカ軍と日本軍、各々にどのような感情を持っていますか？」言葉を選ぶようにウイズビーさんが答える。「どちらも同じ。

戦争は戦争、ただそれだけのことだから」「被害者だという意識はありますか？」「それも過ぎ去ったこと。戦争は嫌いだけどね……」。私たちの話をN君も興味深げに聞いている。

次に、海を見渡す高台に移動する。屋根の下に10ほどの木のテーブルとそれを囲むベンチが置かれた休憩所で昼食だ。客は私たちだけ。セルフサービスの料理は、イモ類と少しばかりの豚や鶏の肉の塊をバナナの葉に包んで蒸し焼きにしたもの。地べたに無造作に置かれた籠には土のついたパッションフルーツやスターフルーツ。飲み物だけはコーラやジュースなど〈文明〉の産物だ。見慣れたはずの缶の色が人工的な不協和音のように浮き上がって見える。前に広がる草地では、大仰な羽飾りをつけ、半裸に白い模様を描いた男女が太鼓の音に合わせて観光客向けの踊りを踊っている。

タイムスリップしたような昼食の後、〈南太平洋戦没者の碑〉を訪れる。幅10メートル、高さ3メートルほどの厚い石の壁が海を見下ろすように立っている。その多くが戦うより前に飢えや病で亡くなったという日本兵の、そしてもちろん米兵の遺骨も、この視界のどこかにまだ残っているはずだ。

複雑な思いを抱え、港近くの市場へと向かう。バンの中では、強い日差しと重く湿った空気に疲れたのか、ほとんどの人が眠り込んでいる。そんな時、ウイズビーさんとN君の後ろの席に座っていた私は、ウイズビーさんが着ているジャンパーの胸ポケットに〝VOTE〟（投票せよ）と縫い込んであるのに気づき、「それは何？」と話しかけた。「もうすぐ国政選挙があり、これは野党第一党を支持する印だよ」「その党の主張は？」「農業を中心にした国造りだ」。

N君も加わり、私たちの矢継ぎ早の質問に、ウイズビーさんは丁寧に答えてくれる。何百という島からなるこの国には、各々の島に住む部族の言葉があり、人々は、自分の地域で用いられている部族の言葉の他に、共通語として英語と最も強力な部族の言葉を話すこと。一応民主的な選挙で選ばれた政治家も、旧態依然とした部族代表としての意識が強く、国家全体を見渡した政策を推進するには至らないこと。ウイズビーさんたちはそのような現状を変えようと行動していること。木材の伐採のような、輸出を優先して自然を破壊するような産業ではなく、自然と共存する農業を目指していること……いつか、世界のどこかで、農業を学ぶ共同体を作りたいという夢をもつN君も一緒に話が尽きない。

午後の太陽がその勢いを失くす頃、解散場所の市場に着く。林に囲まれた広場では、二、三十人が、低い台や筵《むしろ》の上に緑のピンポン玉のような〈ビンロウの実〉を並べている。わずか10個ほどを無造作に置いているだけの人もいる。ビンロウの実以外の商品はほとんど見当たらない。売ろうという工夫など何もないかのようだ。

上陸前の船内で、パプアニューギニアでは多くの人がビンロウの実をいつも噛んでいる、と繰り返し強調するビデオを見た。気持ちがよくなるのだという。そして、その汁のせいでいつも口が赤いのだと。確かに、絶えず口を動かし、唇も歯も赤い人たちが目につく。ビデオを見ていなければ、やはり奇異に思え、恐怖すら感じたかもしれない。私には、口を血の色に染めるこの習慣が、土地の言葉も知らず、その理由を問うこともしなかったであろう〈文明国〉の人々が、先に住む人たちを〈食人種〉と見なし、喧伝した原因の一つに思えてならなかった。

船が港を離れていく。甲板では、南方から撤退する日本兵士たちがよく歌ったという〈ラバウル小唄〉をオカリナで奏でるグループがいる。火の山の煙が次第に遠のく。この、時が止まったような海と島々で、それほど遠くない昔、激しい戦闘が行われ、無数の命が失われた。

山本五十六は、雪深い新潟の長岡に生まれ、幼い時から勉学に優れ、聖書や〈仁〉を重んじる儒学者の伊藤仁斎（1627〜1705）に心を寄せ、ハーバード大学でも学んだという。伊藤仁斎は、江戸時代の儒学者の中でも、日常生活の中にあるべき人間の倫理と生き方を探った人として知られている。〈誰よりも戦争に反対した〉連合艦隊司令長官は、故郷の風土や日常とはまったく異なる南の島の、あの息も詰まる狭い空間で一体何を思っていたのか。

今では玩具とも見まがう兵器で戦うことを命じられ、食糧や水を断たれた日本の兵士たち、民主主義を護るという大義名分の下、はるか隔たった地に駆り出された米国の兵士たち、自らは与り知らぬ争いに翻弄された島の人たち。彼らの戦いと死がなければ、今の日本はなく、私も存在しなかったかもしれない。だが、その死のせいで生まれなかった命も数多くある。彼らの中で、自分が何のために戦い、何のために死ぬのか、その意味を見出すことができた人はどれだけいたのか。いたとしても、その掛け替えのない命を諦めることはできたのだろうか。そして、いつか私にも、ウイズビーさんのように「それもみな過ぎたこと」と言える日が来るのだろうか。

船が汽笛を鳴らして舳先の向きを変え、島が視界から消えていく。その時、私の耳に聞こえたのは、死者の無念の慟哭だけだった。

10. 時代は動く

船は横浜への帰途を急ぐ。あさっては日本という夜、私はこの旅で多くの時間を過ごした、通路に並ぶ円いテーブルの一つに座り、ガラス越しの海を見ていた。舳先が切り裂く波が白く闇に走り、その流れに促されるかのように、旅での様々な出来事や思いがとりとめもなく浮かんでは消えていく。

そんな時、「ちょっといいですか」と声がする。顔を上げると、1カ月余り前、チリのバルパライソでの〈スペイン語交流会〉の事前説明会で知り合った長身のY君だ。たまたま隣になり、短い自己紹介の練習で、互いに「私は日本人です」「私は韓国人です。28歳です」とスペイン語で言い合った。Y君は初心者の私よりもずっと上手。日本語も流暢なのが印象に残っていた。でもそれ以後は船内ですれ違う時に軽く挨拶するぐらい。長く話す機会はなかった。

だが、どうやら船内で行われる講演やディスカッションなど、二人の行動範囲はかなり重なっていたらしい。そんなことを話していると、Y君が「僕、船を下りたら少し日本に残って、色々な所を見て歩くつもりなんです。東京では友達が泊めてくれるのだけれど、関西では誰もいなくて」と言う。「よければ、家に来れば」。こうして、1週間ほど後、荷物も片付かない我が家にY君がやって来ることになった。

Y君は、韓国語、英語はもとより、1年間留学していたロシアの言葉、役に立つだろうと学んだスペイン語、韓国で知り合った日本人から習い、船旅の間に講義を聴いたり乗客と話して慣れたという日本語の五つの言葉を話す。ソウルでは、語学力をいかして、SAMSUNG現代美術館で外国から訪れるVIPの案内役を務めていたという。船に乗るために、その職を辞めると両親に告げた時には「就職難の時代に恵まれた仕事なのに」と大反対されたが、「どうしても、もっと世界を知りたい」と説得したそうだ。

Y君は、我が家に滞在していた数日間、毎日、ネットで調べては近隣の美術館や大学を見に出かける。美術が好きなので、将来は文化交流を通して、日韓、ひいては世界をつなぐ仕事をしたい、と、そのための準備らしい。家での食事の席では、さりげなく私の作る料理をほめ、会話に入って話題を広げ、終わるとエプロン姿でお皿を手際よく洗う。一人で外出すると、ある時はお菓子、ある時は娘と私に各々色合いの異なるハンカチなどを買ってくる。たまたま私の誕生日に他の人の家に泊まることになった日には、わざわざ出先から電話をくれる。そのスマートで細やかな心遣いはまるで韓流ドラマの主人公のよう。

そんなY君を見ながら、私は、自分の大学時代の文学部の同級生で、東洋史を学んでいた在日韓国人のH・Tさんのことを思っていた。

もう四十数年前になる。3月なのに小雪の舞う大学受験の日、教室で高校の友人と3人で受験番号順に席に着いた私の前に、茶色のコーデュロイのジャケットを着た大人っぽい雰囲気の人が座っている。その人は、休憩時間に後ろを振り返り、尋ねもしないのに「僕は浪人だから」と言うのだ。結果発表のごった返す会場でも偶然出会い「君たち、団子で通ったな」と、前と同じ少し皮肉に聞こえる調子で話しかけてきた。入学後は、Hさんと私は専攻も異なり、同じ活動をする機会も少なかったが、政治的な熱狂に浮かされていたあの時代、集団の中でいつも一歩引いたような態度が気になっていた。そのHさんが、あるクラス討論の際、自分の実名を明かし、今後その名を名乗ることを告げた。その頃の私には、その行動がどれほど深い思いから為されたのか慮《おもんぱか》ることはできなかったのだが。

１９７５年、日本で修士課程を終え、パリで学び始めた私に、日本の友人から衝撃的なニュースが届いた。すでに社会に出て働いていたＨさんが、韓国に赴いた際に逮捕され、軍事裁判で〈北朝鮮のスパイ〉として死刑を宣告されたというのだ。高校、大学時代の恩師や友人が中心になって〈Ｈ・Ｔ君を救う会〉を結成し、「スパイとしての教育を受けるために北朝鮮にいた」とされる時期のアリバイ固めの証拠を集めているが、時間が経っていてすべての日の行動を立証するのは難しく、何よりも非公開の軍事法廷ではそのような証拠が採用される見込みはないとも知らされた。

当時のパリには、ベトナム戦争の終結とその後のインドシナ半島の混乱に伴い、かつてフランスの植民地だったベトナムやカンボジアからの難民も多く、騒然とした空気が満ちていた。だが、私自身は新しい生活に慣れるのに必死で、外の世界で起きている事柄を自分のものとして考える余裕がなかった。というより、70年代の日本の大学キャンパスでの政治的な緊張に疲れ、〈異邦人〉であるという口実の下に、自分の中に閉じこもっていたかったのだと思う。

２年半後、私が日本に戻って働き始めてからも、〈Ｈ・Ｔ君を救う会〉の活動は相変わらず続けられていたが、私はわずかなカンパと引き換えに送られてくるガリ版刷りの機関誌でその動向を知るぐらいだった。差し入れ希望の本のリスト、獄中の作業で腰を痛めたこと、日本で暮らすオモニが息子に会えないまま亡くなったこと、そしてカトリックの洗礼を受けたらしいこと……。

その間に、世界では、第二次大戦終結以来続いていたアメリカ合衆国とソビエト連邦を軸とした二極構造の冷戦の構図が変化し始める。特に1977年、アメリカに〈人権外交〉を掲げるカーター政権が登場した後は、軍事政権を維持していた韓国の民主化への圧力が強まる。ソ連でも1985年以来ゴルバチョフがペレストロイカを推し進め、89年にはベルリンの壁が、91年末にはソ連が崩壊し、92年ロシア連邦が成立する。それまで教科書で学んでいた世界の枠組みがダイナミックに変わっていく。驚きの連続だった。

そんな時代の変化に従って、Hさんは、死刑から終身刑に減刑になり、やがて〈恩赦〉によって釈放され、十数年ぶりに日本に戻って来ることになった。その釈放に合わせて卒業後初めて開かれた同窓会に、Hさんも短い時間だったが顔を見せ、簡単に支援への感謝を述べた。その時、獄中での友人のお姉さんと結婚したのを知り、私も嬉しさと同時に、重荷が一つ下りたような気がしたのを憶えている。人生をやり直すのに間に合うかもしれない、と。

それからHさんの消息を聞くことはふっつりとなくなってしまったが、この事件は、同じような生活をしているように見えても、国籍によって意味が異なり、時には、その発言や行動は命懸けの行為にもなるのだという厳しい現実を私に突きつけ、周囲の状況によって意味の変わる〈政治犯〉の問題、何よりも、国家と個人の関係を考えさせる重い出来事となった。

この船旅で、横浜から香港へ向かう途中、まだ船内生活に慣れない頃〈水先案内人〉によるレクチャーが始まった。最初の一人は、韓国の大学で日韓現代史を研究しているK先生。40歳代後半の男性で完璧な日本語を話す。そしてそのレクチャーの内容が、まさにHさんの事件の背景だったのである。私は突然過去に引き戻されたかのような不思議な気持ちになりながら懸命に耳を傾けていた。

レクチャーの後の質問の時間、私は、Hさんのことを簡単に説明し「この事件は韓国でどのように位置づけられ、逮捕された学生たちはどのように見なされているのですか？」と尋ねてみた。「それは1975年ですね。あの当時、民主化のリーダーになると目された青年105人が冤罪で逮捕されました。残念ながら、韓国ではこれまでその事件はほとんど知られてきませんでした。ですから、歴史的評価も、今後、ということになるでしょう。実は、私がその事件をまとめて、これから出版することになっています」と即座に答えがあった。その偶然に驚くと同時に、私は、他の政治犯の拷問の跡を残す酷い写真と共に、日本ではかなり大きく報じられていたあの事件が、韓国ではほとんど知る人がいなかった、ということに衝撃を受けた。それではHさんの獄中での十数年は一体何だったのだろう、現在に至る民主化への礎とはならなかったのだろうか、と。

レクチャーの後、人を介して、K先生を囲む集いに参加するようにとの誘いがあったにもかかわらず、他に用事のあった私はそれを断ってしまった。あの時もっと色々と聞いておけばよかった、と今では悔やまれてならない。

思えば、逮捕された時のHさんは、さりげなく我が家にやって来たY君とほぼ同年齢だったはずだ。韓国で民主化が進んだ現在もなお朝鮮半島の統一はかなわず、北朝鮮との緊張関係は続き、徴兵制も残る。Y君自身は兵役については話さなかったし、私もあえて話題にしなかったが、そのことにY君が複雑な思いを抱いているらしいのは察せられた。

Hさんと Y君、二人の個人的な資質の差はもちろんある。だが、二人の青春の間には35年以上の〈時〉が流れた。その〈時〉は、韓国と日本が抱える歴史的な問題をすべて解決してくれたわけではない。だが、〈国境〉というものによってしばらく遮られていた朝鮮半島と日本列島との文化的交流を再び可能にしてくれたように思う。Y君はソウルに戻り、日本のNHK支局に職を得た、と聞いた。Y君のような若者が、かつてのHさんのように理不尽な罪に問われる恐れなく、のびやかに人生を生き、〈これから〉を創る仕事をしていって欲しいと願わずにはいられない。

11．一つの旅を終えて

２００８年４月28日、１０８日ぶりの横浜の港だ。昼過ぎにタラップを下り、キャリーバッグを引いて板張りの桟橋に出ると、薄く曇った日本の春の日差しだ。

少し歩くと、ビルが隙間なく立ち並ぶ通りに出る。皆、整った服装をして足早に歩いている。自分の日焼けした肌とラフな格好が場違いなようで落ち着かない。新幹線に乗る最寄りの駅を尋ねようとしても、誰もが忙しそう。声をかけるのがためらわれる。だが、思いきって呼びとめた人は丁寧に３通りの行き方を説明してくれる。どの駅も地下にあり、入り口も複数あるという。迷子になりそうだ。

新幹線に乗り換えて新大阪まで、それから在来線へ。途中、自動販売機でペットボトルのお茶を買う。便利だ。何でもある。でも、見慣れていたはずの空間がなぜかとても人工的に感じられる。溢れる物のせいか、すべてを均一に照らす白っぽい光のせいか。地下鉄も新幹線も駅も……この印象は帰宅してからもずっと続いている。「生きていくのに、こんなに〈もの〉が必要なのだろうか、〈もの〉のせいで生きることの実感を感じるのが難しくなっているのではないか」という思いとともに。

知らない世界を、自分の眼で見、耳で聞いて世界の今を感じたい、そしてできるかぎり自分の偏りを直したい、そう思って出かけた南半球を巡る船旅は、地球がそれほど大きくないこと、空や海に境はないことを実感させてくれた。この限られた空間で、人々は、各々の土地の風土が生み、育んできた生活を慈しむように暮らしている。様式は多様だけれど、その生の営みへの愛着にはそれほど変わりはないように見える。

だが一方、人々の争いは地球のどこかで絶えることがない。むしろその規模は大きくなるばかりだ。飢えている人たち、治療法が発見されているのに、それを施されることなく苦しんでいる人たちは数多い。地域による富の格差、情報の格差はあまりにも大きく、丸いはずの地球がいびつに感じられるほどだ。それなのに、そんな現実を知らず、あるいは知らないふりをして、私たちは自分たちの〈快適さ〉を求めて暮らしている。でも、それは本当の〈快適さ〉なのだろうか。

２００９年に１００歳で亡くなったフランスの文化人類学者、レヴィ＝ストロースは、１９５５年『悲しき熱帯』（"Tristes Tropiques"）と題する著作を発表し、それまでのヨーロッパ中心主義に鋭い批判を向け、大きな反響を得た。一見してわかる物質的な優劣の差は、必ずしもその文化の本質の優劣を示すものではないと、そして、それを見抜くには、他者に対して偏見のない洞察と深い理解とが必要であることを、自ら暮らした〈未開社会〉の分析を通して指示してみせたのだ。

その頃から〈近代的理性〉によって築かれてきた文明が、他の文明を力によって支配するのが〈当たり前〉であった時代は舵をきり、方向を変えたように思う。一つ一つの文化、ひいては、一人一人の人間が、民族や性、身体的な条件といった区分ではなく、各々が本来もつ特性を保ち、活かしながら、支配や従属ではない新たな関係を相互に築く時代へと。

船がパプアニューギニアから横浜に向かう途中、硫黄島の横を通った日の正午、船が汽笛を鳴らし、私たちは甲板で戦死者への黙禱を捧げた。追悼に集まった人たちが三々五々散っていっても、じっと海を見つめている日本人の青年がいる。何回か話をしたことのある通訳スタッフのK君だ。船内や交流会でその通訳を聞いていた私は、語彙の豊富な品格のある日本語に驚いていた。そのK君は、10歳までドイツで育ち、自分をドイツ人だと思っていたら、突然日本に帰ることになり、混乱の中でアイデンティティーを探して懸命に本を読んだという。日本の大学の商学部に入ったが、入学早々「とにかく儲けること」が目的である勉強に疑問を感じ、USAに留学したそうだ。大学卒業後は、一人自転車でインドを中心にアジアを巡ったという。「これから何をしたいの?」と尋ねると「小説を書きたい」と言う。「どんな小説?」「人間一人一人がいきいきと生きることを応援できるようなもの」「どうして小説なの?」「戦争も、過度な金儲けも、人の心の欲望から生まれるものだと思う。だから、人の心の在り方を変える文化をつくりたいんです」。K君はきっと自分のアイデンティティーを〈国〉や特定な〈文化〉の枠組みを超えて、個としての内面の在り方に見出そうとしているのだろう。

そんな会話を思い出しながら、海に向かって立つK君に「平等や平和っていつか本当に来るのかな」と話しかけた。「それは僕たち次第じゃないですか」他人事のような私の言い方に苛立ったのか、日頃とは異なる強い調子の答えが返ってきた。その時の彼の口調と視線は鋭く私を打った。そう、私にはここにしか生きる場所がない。無限の宇宙の暗闇を漂う、誰のものでもあり、誰のものでもない惑星。そこに、生命の長い歴史を背負って〈私〉という生命、そして、他の生命が生きている。どの生命も掛け替えがない。そして、なんらかのつながりを持って存在している。自分はそのつながりの中で生きているのだけれど、それを生きるのはやはり自分しかいないのだ。K君の〈生きる主体〉としての覚悟を私も持ちたいと思う。

それまで知らなかった土地を少しだけ訪れ、そこに住む人たちと少しだけ話をし、私がほんの少し変わったとしても、現実の何かが変わったわけではない。だが、私の見方が旅立つ前より少し希望へと傾いたとしたら、それはこの旅で出会った人たちのおかげだ。現在と未来のために、人生を賭けて行動しているあの人たちと会うことはもうないかもしれない。でも、彼らが、今、この地球のどこかに生き、自分のためだけではなく生きようとしているのは事実だし、あの人たちがこれからも自分の夢と行動を諦めはしないだろうと、なぜか信じることができるのだ。
日本人で最初に地球を一周したのは、1860年の幕府遣米使節団だ。日本が鎖国をして以来初めて海外に派遣された使節団の人たちは、往きも帰りもアメリカの蒸気船軍艦によって航海し、地球をぐるりと回って戻り、明治という新しい時代を築く中核となった。それから約150年、私のような市井の者でも、いくつかの条件が適えば、地球一周を体験できるようになった。幸運にもそんな時代に生まれた私にできることは何だろう。かつて限られた情報と、自分たちの都合よい思い込みによって作られた他者に対するイメージ、例えば〈人食い人種〉といったイメージの真偽を自分の眼で確かめ、自分の内にある偏りを少しでも修正すること。〈政府要人〉といった特別な権力を持つ人たちではなく、日常の生活を生きる人たちと直接言葉を交わし、その人たちの思いを知ろうとし、自分の思いも相手に伝えること。何かできることを日常の中で実践していくこと。そんな一つ一つの積み重ねが、新しい時代の土台となるように努めること……そのために自分のささやかな力が使えたら、と思う。

船を下りて後数年内に、東日本大震災などによる多くの人たちの死があり、母や何人かの近しい人たちの死があった。福島の原子力発電所の事故の行きつく先はまだ見えない。この事故が世界の今後を変えることになるかもしれない。これらの出来事を通して「取り返しがつかない」という思いが、体の奥で通奏低音のように深く静かに流れるようになった。でも、それと重なるように、幼い頃から好きだった歌がまた聞こえてくる。「うみは　ひろいな　おおきいないってみたいな　よそのくに」〈くに〉という区分の意識は、私の中でだいぶ薄くなったように思うけれど、海と空、そして何かと誰かに会いに、また出かけたい。

第二章　北半球の旅

（2011年7月19日～11月1日）

1．ベトナムの今（1）―道半ば―

２０１1年7月19日、台風予報の中、オセアニック号で横浜の大桟橋を出る。ピースボート北回りの旅、私にとっては２００８年1月出航の南回りに続く2度目の長い航海だ。相模湾沖で台風が通り過ぎるのを二日間待った後、船はベトナム有数の貿易港ダナンに向けて急ぐ。7月26日の早朝、船はコンクリートで固めた何の装飾もない桟橋に横付けになる。

ダナンで私が選んだのは〈ベトナム戦争の傷跡をたどる〉コース。１９７０年代前半、ベトナム戦争反対のデモで大阪の御堂筋を歩いたのがつい最近のように思えるのに、あれからもう40年余り。あの時の戦場は今どうなっているのか、どうしても見たかったのだ。ダナンはかつての南ベトナムに属するが、北ベトナムとの境界に近く、戦争終盤には戦いの最前線、激戦地になった。ベトコン（１９６０年に結成されたベトナム解放民族戦線の俗称）の拠点の一つとしても知られている。

このコースを選んだのは30名ほど。港からバスに乗る。ツアーリーダーと通訳、それに現地ガイドとしてきびきびした30代の男性クァンさんがついてくれる。バスで30分ほど走ると、湿った荒れ地と耕作地が入り交じった地域に入る。家はまばらで人影はない。バスを降りて細い道を少し歩き、その辺りでは比較的大きな家に着いた。傍らは沼地で、濃い緑の幅広い葉の水生植物がぎっしり生えている。

門口に40代と思われるやせた男性が待っている。この家の主で私たちに話をしてくれるのだ。その人が、今は視力を失っている年老いた父親を紹介してくれる。かつて土地の有力者の一人で、この村の多くの人と同じくベトコンの協力者だったという。

沼地に続く小さな庭に面した8畳ほどの土間に導かれると、中にはテーブルと数脚の椅子。正面の壁の大部分をかつては鮮やかだっただろう彩色が剥がれかかった祭壇が占め、その上に、1969年に亡くなった北の指導者ホー・チミンの色褪せた肖像画が掲げられている。

簡単な説明の後、男性が祭壇の一部、左下の飾り板を手品師のように外してみせる。すると、そこにぽっかりと縦横40センチほどの暗い穴。地下に20メートルほど延び、外の沼に続くトンネルだという。人が通れるとはとても思えないこの穴はベトコンの通路であり隠れ場所。時にはここに数十人が身を潜めていたそうだ。大柄な米軍の兵士なら、こんな所に人間がいるなど思いつかないかもしれない。

小柄な身体であの長く厳しい戦いを続けたベトナムの人たちの強靭なエネルギーはどこからきたのか。この小さな村は、米軍が疑ったように、資本主義の社会を突き崩そうとする解放戦線の先鋭な拠点の一つだったのか。そんなことを考えながら、男性の話に耳を傾けていたが、事態はそう簡単ではなかった。

当時、この村の就学率は低く、情報を得る手段も限られており、多くの人たちは〈共産主義〉とか〈資本主義〉といった言葉も概念も知らなかったという。自国で何が起こっているのか、ましてや世界の歴史の流れの中で自分たちの置かれている状況など知る手だてもなかったというのだ。ベトコンを匿《かくま》い、時には彼らに積極的に力を貸した村人も、イデオロギーからというより、自分たちの生活を護るため、時には恐怖からだったらしい。とりあえず〈強い者〉につく人も少なからずいたのだろう。

地理的に南北ベトナムの境界に位置した村、そこに暮らす人々。生き延びるためにどれだけの知恵と力を使わねばならなかったか。何が正義で、何が悪か、誰が正しく、誰が裏切り者なのか、その場にいなかった私に何が言えるだろう。

重く複雑な思いで外に出ると、寂《さび》れた村里の風景の向こうに、急速な経済発展を窺わせる近代的なビルの工事現場がいくつか見える。開発の波が押し寄せ、この地域でも権力と金にものをいわせた強引な土地買収の話が絶えないそうだ。

バスの移動中、ガイドのクァンさんは、東南アジアの地図を示し、かつてベトナムもカンボジアなどの周辺地域を侵略した歴史があるが、今ではその事実を認める人は少ないこと、統一後の政府内では北部出身の幹部が勢力を持ち、その子弟は学歴がなくても出世の道を歩み、地位を利用して汚職に手を染めることも多く、たとえば警官になって、観光客の車を理由なく止めて金銭を要求したりする、と強い批判的な口調で語った。遠からず政変が起こるだろうと期待しているとも。鋭い政府批判に「今のベトナムに言論の自由はあるのですか？」と尋ねると、「こんなことを公の場で話すと監獄行きです」、苦笑いしながら肩をすくめた。そんなクァンさんも、生涯私財も家庭も持たず、革命に身を投じたと伝えられるホー・チミンに対する敬愛の念は失わずにいるようだった。

解放の熱気が去った後、すぐに理想の社会が生まれるわけではないのは歴史に明らかだ。国際社会の大国中心の力学の中で、それ以外の国が辿る道は険しい。現在のベトナムも長い道程の途中なのだろう。でも、70年代に湧きおこったあの世界中の若者の、無知ではあるけれども純粋な「ベトナム戦争反対」の叫び、そして何よりもあの戦いで失われた命が無に帰することのないように願いながら、村を後にした。

2. ベトナムの今（2）―泣いていてはだめ―

7月26日、〈ベトナム戦争の傷跡をたどる〉コースを選択した私たち約30名は、ベトコンの拠点の一つとされていた村の隠れたトンネルを持つ家を訪れた後、バスで〈枯葉剤被害者支援センター〉へと向かった。

１９６７年から72年にかけて、米軍はインドシナ半島で猛毒のダイオキシンを含む枯葉剤７９１９万リットルを当時の南ベトナム領土の13％に散布した。判明しているだけでも約４００万人が被害を受け、その大部分が乳幼児だったという。その影響はベトナムの人たちにとどまらず、今なお後遺症に苦しむ米軍の帰還兵も多い。インドシナ半島の豊かな森林をはじめ、自然環境が大きく破壊されたのは言うまでもない。

私たちが訪れるセンターは、20歳までの枯葉剤被害者のケアをしている民間の施設だ。つまり〈被害者〉は直接枯葉剤を浴びた人たちではなく、その次の世代に属しながら〈先天性異常児〉として生まれた人たちなのだ。戦争は、彼らが生を享けるずっと前、１９７５年に終結しているのだから。

〈支援センター〉は街外れにある目立たない二階建ての白い建物で、傍に電車の単線路の踏切がある。白い柵の門の前にはすでに人が集まっている。近づくにつれてその人たちの身体や動作が、私がふだん慣れているそれと異なっていることがわかってきた。私はテレビで枯葉剤被害についてのドキュメンタリーもいくつか見ていたし、ある程度の覚悟はできているつもりだったが、実際にそのような人たちに会うかと思うとやはり身構えてしまう。

門の付近で待っていてくれたのは、数名の職員と10代と思われる人たち10名ほど。だが、私たちが〈10代の若者〉という言葉でイメージするのとはまるで異なる様子だ。年齢を特定できない、というか、むしろ私の持つ基準が適用されないのだ。背丈はもちろん、体格も動作も表情も。

門を複雑な気持ちで通り抜け、8畳ほどの玄関に入ると、さらに衝撃的な光景が待っていた。両側の壁側に並べられた机に、子どもたちがかろうじて体を支えるようにして座っている、というより、しがみついている。タイル張りの床に這うように身体を横たえている人もいる。目が虚ろで、視線が定まらない人、ねじれた手足を絶えず動かしている人……皆、言葉にならない声をあげ、懸命に私たちの方に手を差し伸べている。歓迎の気持ちを身体中で表現しているのだ。私たちは戸惑いながらも、その歓迎に応えようと、手を握ったり、身をかがめて肩に触れたり。そのうち、持参の紙やサインペンを取り出して、絵を描いたり、折り紙でツルや兜《かぶと》を折ったり、なんとかコミュニケーションをとろうとする。

しばらくして中のホールに導かれる。約15メートル四方のコンクリートの床に、数列並んだ長い机とベンチ。正面には床上20センチほどの簡単な舞台がある。私たちへの歓迎の言葉が書かれた横断幕が張られ、その下に、学習机と椅子を組み合わせた食卓が設えられ、料理が並べられている。スープ、野菜の炒め物、小エビのフライ、焼き飯、それにミネラルウオーターが一本ずつ。素朴だが心遣いのあふれた献立だ。

昼食の後、グループに分かれてホールを囲むいくつかの部屋を見せてもらう。簡素な空間に、リハビリや職業訓練のため、と説明された玩具のような器具が置かれている。歩行訓練の手すり、握力強化のためのゴムボール……。でも、あれだけのダメージを受けた身体だ、この器具を使って訓練の成果をあげられる人はどれだけいるのだろうか。ケアをする側、される側の気持ちを慰めるだけではないのか。ましてや職業訓練なんて……先ほど彼らの姿を見た後では「無駄なのでは」そんな否定的な思いが私の頭をよぎる。

〈当たり前〉の人生を最初から望むことのできない運命を背負った本人やその両親の無念を思うと、涙が止まらなくなってしまった。部屋の隅で涙を拭う私が目に入ったのか、センター長の40代後半と思われる女性が傍に来て、私の眼を真っすぐに見、英語で「ここでは泣いていてはだめなの」と叱るように言う。そう、ここで働く人たちには、涙を流す余裕などないに違いない。気持ちをしっかり持って、現実を受け止め、できるかぎりのことをして彼らの日々を支えること、それしかないのだ。絶望や希望といった言葉を安易に弄ぶことなど何の役にも立たないだろう。

その後、再びホールに集まる。ピースボートは継続的にこのセンターの支援をしているらしく、代表者が寄付金を渡す。司会は、20代と思われる小柄な男性だ。身長は1メートルあるだろうか。背中にこぶのような突起があり、手足は細い。でも動作や口調はきびきび、進行もよどみがない。センター長からの感謝の言葉の後、比較的症状の軽い子どもたちがダンスと歌を披露してくれる。ペアになって踊るフォークダンス、集団でヒップポップ……最初は痛ましいものを見るかのように身体を固くしていた私たちも、身体全体でリズムをとる彼らの様子に、次第に緊張がほぐれ、手拍子や掛け声で応える。ハーモニカを取り出して吹く人、舞台に上がり、子どもたちに交じって踊りだす人たちもいる。手拍子を打ち、「泣いてはだめ、泣いてはだめ」懸命に自分に言い聞かせても、やはり私の涙は止まらなかった。

１９７５年の終戦後、統一を果たし、１９８６年からのドイモイ政策に基づいて改革、開放、経済自由化を進めるベトナム政府にとって、米国との関係は重要だ。「因果関係が明らかでない」と、枯葉剤被害者の補償を米国に要求する動きは少ない。ベトナムには国家として彼らへの支援を十分に行う余裕はまだない。被害者の総数や実態もきちんと把握されてすらいないという。このセンターのように、民間の施設はいくつかできたが、その数は足りず、経済状況も厳しい。このような施設に関われる人はまだしも、地方には何の支援もなく打ち捨てられてひっそりと生きる人たちが少なからずいるはずだ。

私には忘れられない出来事がある。40年ほど前のある夜、ベトナム戦争反対のフランス式デモ（手をつなぎ道幅いっぱいに広がって行進するデモ）で大阪の御堂筋を歩いていた時、少し前の列が突然乱れ、皆がちりぢりに逃げだしたのだ。何事かと背伸びしてみると、日本刀をふりかざした男が目に飛び込んできた。夕闇を背景に、街灯の光で銀色の刃がギラリと不気味に白く光ったのを今でも鮮やかに思い出す。あの男性は、そして、何らかの理由であの戦争を推し進め、支持していた人たちは何を考えていたのだろう。〈戦争の大義〉というものを信じていたのだろうか。そうだとしても、自分には何の責任もない戦争によって、当たり前の人生を奪われ、なお懸命に生きようとする人たちの姿を一度でも想像したことがあっただろうか。あのセンターを訪れ、あの圧倒的な現実と向き合ってなお〈戦争反対〉に反対できるだろうか。それをぜひ知りたいと思う。

3. 風の砦

船で横浜を出てから10日。7月29日、シンガポールに着く。〈セイロン島の世界遺産めぐり5日間の旅〉に参加するのだ。整然としたシンガポールの空港、その中のスリランカエアラインの待合室に入る。たったガラス一枚で区切られているだけなのに、一歩入ると雑多な色と匂いが押し寄せてくる。待つ人たちのカラフルな衣服、黒い髪、褐色の肌、それにスパイスが交ざり合った匂い……。

インド洋に浮かぶセイロン島を中心とする〈光輝く島〉という意味をもつ国スリランカには現在約2100万人が住むが、人間が住みついたのは5万年ほど前だ。その長く複雑な歴史を証《あか》しするように、北海道ほどの広さの島に世界遺産が8つもある。

ヨーロッパの国々が海へと乗り出した16世紀以来、ポルトガルやオランダの、1815年から1948年の間はイギリスの支配を受けた。それから英連邦内の自治領となり、1972年にはスリランカ共和国として独立した。

数年前までは、北部のヒンドゥー教徒のタミル人と人口の約70％を占める主に仏教徒のシンハラ人との間の抗争が伝えられていたが、政府発表ではその抗争も一段落、これからは観光を中心に国造りをしていこうとしているという。

シンガポールから3時間10分、夕暮れ迫るセイロン島のコロンボに着き、そのままバスでホテルに。日本に来たことはないというのに、日本語の日常表現を巧みに操る40代と思われる男性サラットさんが今度の旅のガイドだ。

翌日、バスでシンハラ王朝の首都ポロンナルワを観光した後、シギリヤ・ロックへ向かう。このツアーで最も訪れたかった場所だ。シンハラ王朝の5世紀、ダートゥセーナ王の息子で平民出身の母を持つカッサパ（在位477〜495）は、クーデターを起こして父親から政権を奪い、王族出身の母親をもつ異母弟モッガラーナを追放する。だが、弟に王位を奪還されるとの恐れから、それまでの都を離れ、森の中の高さ約195メートルの岩塊に王宮や水路、庭園などを作らせ、隠れるように住んだのだ。

モッガラーナは亡命先の南インドから軍隊を引き連れて兄に戦いを挑む。カッサバ王は、宮殿とそこに閉じ込められて暮らしていた700名とも伝えられる妃と妾を捨てて逃亡、喉を掻き切って自害する。その後シギリヤは仏教僧に寄進され、14世紀まで僧院となっていたが、徐々に衰退し、その記録も残されていない。だが、1875年、女性を描いた壁画がイギリス人によって発見され、再び歴史の中に姿を現したのだ。

バスから降りると、濃い緑の木立の合間に屹立する赤い四角柱のようなごつごつした岩の塊が見える。上辺は削り取ったように平らだ。誰もこんな所に王宮があるとは想像できなかっただろう。岩の壁はほぼ垂直。そこに絡みつく蛇のように細い登り道がついている。近づくと、多くの人がざわめく気配がする。バスで聞いていたとおり、頂上まで登る観光客をガイドを兼ねてサポートしようと待ちかまえている人たちだ。一人10ドルか1000円が相場だそうだ。主なターゲットは年配の人や女性。私にも若い男性が声をかけてくる。紺のポロシャツが埃っぽい中で際立って清潔な印象だ。自力で登りたいと思っていた私は断り続けるが、その人はずっとついてきて、丁寧に英語で説明してくれる。観光客のために取り付けてある狭い鉄の階段をたどり、岩塊の半ばに穿《うが》たれた浅い洞窟のような部屋に入ると、壁面にかつては鮮やかであったろう塗料で数体の官能的な女性の姿が描かれている。豊満な肉体に薄い衣をまとった彼女たちが１４００年以上の時を超え、私の眼に映る。後に〈シギリヤ・レディ〉と名付けられるここになるこの美しい女《ひと》たちも、岩の砦に置き去りにされ、一人の王の野心と共に滅びたに違いない。

さらに細い梯子のような階段を上り、岩山の頂上の宮殿跡に立つ。見渡す限り森と畑が広がり、遠くの椀を伏せたような丘の上には、寺院らしき建物がシギリヤ・ロックと同じ赤い肌をみせて建っている。崖の縁に立つと一層風が強い。この風の音を聞き、この景色を見ながら、ここに住む人たちは何を想っていたのだろう。

時間が来て、下に下り、ガイドをしてくれた青年に「ありがとう」と10ドルを差し出すと「受け取らない」と答える。「サポートはしてもらわなかったけれど、説明でよくわかったから」と言っても、「僕はあなたのような人が好きだから、お金はいらない」さらに断る。「でも」とためらう私に、「それじゃ、日本円でください。色々な国のお金を集めているので。僕は学生でこの近くに住んでいます。こうして、1日2、3回シギリヤに登り、学費にしているんです」。観光客と接することで、フランス語とスペイン語も少し憶えたそうだ。「いつになるかわからないけれど日本にも行きたい」と、その眼は観光地の喧騒を越えて、どこか遠くを見ているようだった。

　バスに戻り、対向車がすれ違う時にはどちらかが止まって待つしかない道路をずっと走る。両側には屋根を差し掛けただけの粗末な小屋の店が並び、どこも同じようなバナナやマンゴーを売っているが、それを買う客の姿はない。通り抜ける町や村、低い屋根の家並みの間で目立つのは鮮やかな色彩の携帯電話の広告の看板だけだ。途中で紅茶園に寄ると、サラットさんの甥だという若い男性が流暢な日本語で懸命に紅茶や特産品の菓子の説明をする。商魂たくましい。巧みな言葉に乗せられるように、私たちもここぞとお土産を仕入れる。

　またバスに乗り込み、人影が目立つ小さな町に入る。ごみごみした狭い通りにかかった時、バスがつっかかるようにして止まる。窓から見ると、黒い長いベールをまとった女性が数人、あわてて道をよけている。それに気づいたサラットさんが、当たり前のように「イスラム人はバカだから」と吐き捨てるように日本語で言うではないか。多数派であるシンハラ人で仏教徒だという彼にすれば、最近移り住んできたイスラム系の人たちは邪魔な存在でしかないのかもしれない。政府発表とは異なり、未だに北東部でくすぶり続けているというタミル人との抗争も含め、複雑な現実を垣間見る気がした。

　豊かな自然、長い歴史、そこで繰り返される民族、家族、宗教間の争い。それは時を経て、形は変わっても絶えることはないのだろうか。〈光輝く島〉で、交ざり合うスパイスのように、異なる者が調和を保って生きることはできるのだろうか。過去と現在、夢と現実の境を風が吹き抜けていくような旅だった。

4．私はヴェールをかぶらない

２０１１年8月2日、セイロン島の世界遺産を巡るツアーの後、喧騒に満ちたコロンボの港からオセアニック号に乗り込む。海賊が出没するというアフリカ大陸東側の海域を経て紅海を抜け、10日間かけてヨルダンのアカバ港に向かうのだ。チュニジアを発端とする〈アラブの春〉と呼ばれる中東民主化のうねりがリビアに波及し、カダフィ前政権側が必死の反撃をしていた頃で、緊迫した事態は船内にも伝えられていた。

そのような中東の状況を説明してくれる〈水先案内人〉として、ヨルダンの人権活動家の女性が乗船すると聞いていた。私はその人の話を聞くのを心待ちにし、世話係にも応募していた。というのも、乗船前、フランスの雑誌『ヌーヴェル・オプセルヴァトゥール』に連載されたアルジェリアのフェミニスト活動家の女性ハーリダ・メサウーディ（１９５８～）のインタビュー記事をまとめた本（１９８５）を翻訳し、原稿を出版社に渡してきたところだったからだ。

今回の航海の目的の一つは、イスラム圏の女性の現状を自分の眼で確かめたいということでもあった。

　コロンボを出てからは、海賊対策で、灯りが漏れないように窓を内側から段ボールで塞いでいて、船内は薄暗い。私はほとんどの時間を海に面した共通オープンスペースのデッキで過ごしていた。そこのテーブルで朝食をとっている時、隣に30代後半と思われる小柄な女性がいる。浅い褐色の肌にくっきりとした顔立ち、緑がかった瞳、小さくまとめた濃い色の髪。もしかしたら、と気になっているうちに食事が終わるが、その人はすぐには席を立たずに海を見ている。せっかくだから、と思いきって「少しお話ししてもいいですか?」と英語で声をかけた。「もちろん」その人は落ち着いた笑顔を向けてくれた。

　簡単に自己紹介をすると、彼女も「ラフィマです」と名乗り、講演のためにピースボートに初めて乗ったこと、希望者をアカバのパレスチナ難民キャンプに案内することなどを教えてくれた。私がイスラム社会の女性に関心を持っていることを伝えると、自分の両親はパレスチナからの難民だが、今はヨルダンに住み、自分は弁護士の資格を取って、人権の問題を中心に働いていることなどを控えめな口調で語ってくれた。

　その日から私はラフィマさんの希望で日本語を教えることになった。ラフィマさんは日本語をまったく知らない。正味1週間、テキストもない。持参していたスケッチブックに色鉛筆で簡単なイラストを描いてテキストにする。まず自己紹介の練習に、ラフィマさんがいつも着ている薄紫の半袖ブラウスと黒いスラックスの女性を描いてみた。その絵を見たとたん、ラフィマさんはほっと表情を和らげて、はにかむような笑いを浮かべた。講演や打ち合わせの合間の数回の短いレッスンだったが、彼女は毎回きちんと復習をしてくる。とりわけ〈人権活動家〉という言葉が気に入ったらしく、何度もそれを繰り返す。「ヨルダンに帰っても日本語を続けたいわ」。遠い異国の言葉を知ることは、私には想像もつかない彼女の厳しい日常の息抜きだったのかもしれない。

同時期に、アラブ文化圏の〈ベリーダンス〉のダンサーで、東京で教室を開いているという日本女性も〈水先案内人〉として乗船していた。メインホールの舞台で、肌を大きく見せた金糸や銀糸の刺繡がきらめく薄物の衣装をまとい、胴を細かく震わせ、身体を大きくくねらせて、縦横に踊る。動きにつれて軽やかに舞う透かし織りのヴェールはその背後の肉体の魅力をさらに際立たせる。彼女のステージには多くの乗客が集まり、ベリーダンスの実践講座も男女を問わず大人気。船内のあちこちで真似て踊る姿を見かけるようになった。

その人とスタッフとの対談もあった。だが、彼女は、アラブ社会におけるベリーダンスの歴史や社会的位置づけについて語ることはなく、関心もないようなのだ。

〈華やかで美しいこと〉〈美容と健康によいこと〉は確かに人を惹きつける要素だし、理屈をつける必要はないのかもしれない。だが、現在、ベリーダンスを生んだ地域の多くで女性の服装が制限されていること、歌や踊りが禁止されている地域もあること、時には、どのように装うかが生死に関わる場合もあることを考えると、私は「ただそれだけでいいのだろうか」という思いに囚われてしまった。

一方、ラフィマさんの講座には受講者、特に若い人たちが少ない。アラブ世界の政治や経済、人権の状況について数字を挙げて説明する専門的な講義スタイルがとりつきにくかったのか、もともと〈遠い世界〉として関心が薄かったのか……。

船内で〈アラビアン・ナイト〉と称された『千夜一夜物語』に想を得た催し物が行われた。最初に、めずらしく花柄の半袖のワンピースを着たラフィマさんが、物語の成立の歴史や背景を詳しく説明する。だが、ほとんどの人が聞いていない。彼女の話が終わるや否や、ベリーダンスの講座を受けていた人たちが、どこで調達したのか、思い思いの鮮やかな衣装をまとって滑るように登場し、甲板いっぱいに広がって踊りだす。短期間の練習とは思えないほど見事だ。いきいきと楽しそう……これでいいのかもしれない、でも……釈然としないままの私がいた。

船がアカバに到着する前夜、世話役によるラフィマさんの送別会が船内の居酒屋であった。ラフィマさんは、いつものつましい印象を与える髪型、ブラウスとスラックス姿。「私はイスラム教徒ではないから」と注文したのはイスラムでは禁止されている赤ワイン。そんな彼女に私の発刊予定の訳書のタイトルについて尋ねてみた。原題は"Une Algérienne debout"という。直訳すると「一人のアルジェリアの女性　立つ」という意味だ。私はそれをメサウーディの本文の言葉から『私はヴェールをかぶらない』にしようと考えていたのだが、ラフィマさんは「原題の方がよい」と言う。「私自身はヴェールをかぶらないけれど、ヴェールを身につけることだけで、イスラムの女性が否定的に考えられるのは望ましくないし、原題の方がポジティブだから」と。（結局、編集者の勧めで『アルジェリアの闘うフェミニスト』として刊行された。２０１５、水声社）

ラフィマさんにとっては〈ヴェールをかぶる〉行為自体は、それほど女性の人権を損なうことではないようだ。一方、ハーリダ・メサウーディは「私はヴェールをかぶらない」と明言している。イスラム社会の女性の〈人権活動家〉の中でも意見は一様ではないようだ。私のような部外者が、ヴェールをまとうことを強制されたり、あるいは選択しなければならない立場に置かれた女《ひと》たちの内面に少しでも近づけるのだろうか。そんな私の秘かな危惧を乗せたまま、船は、両河岸の砂と岩が月の光で淡い紫色に染まり、幻想的な景観を見せるアカバ湾を進んで行く。

5. 時が進まない……

8月13日早朝、ヨルダンのアカバ港に上陸。ここからバスで4時間半、ヨルダン西部のマダバにあるパレスチナ難民キャンプを訪ねるのだ。参加者は50名ほど。下船前の説明会では、諸注意の他に、女性はできるだけ肌を露出しない服装をするように、と、モデルを使っての説明会まであった。長袖に長いパンツ、頭にはスカーフ……イスラム圏の女性の〈ヴェールを被る〉という行為に抵抗のあった私だが「トラブルを起こして迷惑をかけても」と、例に倣うことにした。

昼食のためにバスを降りた小さな町。石造りの洒落たレストランでヨルダン風バイキング形式の昼食を終えた後、外に出てみる。白っぽい昼下がり。人影は見えない。数人のグループで、静かな佇まいを見せる家々を囲む低い石壁に挟まれた緩やかな石畳の坂道を歩く。土産や菓子を売る店、生活雑貨屋などの間に、伝統的な模様を描いた陶器が並ぶ小さな店を見つけ、ドアを押して入る。

4畳半ほどの広さの店内には絵付けの皿や壁掛け。どれも素朴な品だ。見まわしていると、中から50代の落ち着いた雰囲気の女性が出てきた。軽くウエーブのかかった薄い褐色の髪、チエックのシャツに薄い色のパンツ。カジュアルでモダンな服装だ。突然現れた日本人に驚いたように、しばらく私たちを眼で追っていたが、「これらの作品は、地域の女性たちが自立のために作っているんですよ」と英語で説明してくれる。さらに怪訝そうな様子で「あなたたちはイスラム教徒なのですか？」と尋ねる。「イスラム教徒ではありませんが、これから、難民キャンプを訪れるところなのです」「それでは、なぜスカーフを被っているのですか？」「土地の習慣を尊重するために」「そう……」と納得していない様子。集合時間の迫っていた私たちはそれ以上話す時間はなく、挨拶をして店を出た。

またしばらくバスに乗って降りたのはキャンプに隣接する町。民家や店が散在する殺風景な街並みが埃っぽい。公民館で私たちを迎えるセレモニーがある。簡素な集会室に円く椅子を並べ、私たちと出迎え側の20人ほどが腰を掛ける。出迎えてくれた人たちはほとんどがワイシャツにズボン姿の男性だ。日本の通りで見かける服装とあまり変わらない。責任者らしき40代後半の男性の歓迎の挨拶の中に「ようやく異質な価値を認め合う時代になりました」との言葉があり、ほっとする。

キャンプとの橋渡しの役目をしている青年2人に案内されて、歩いて町外れに向かう。時折自動車が行き交う舗装道路を横切ると、そこが〈難民キャンプ〉の入り口だ。コンクリートの壁の外から重なる低いビルが見える。

私はそれまで〈難民キャンプ〉というと、砂漠のような土地にテントか板張りの仮小屋が並ぶ、というイメージを勝手に抱いていた。だが、イスラエルという国が建設され、そこに住んでいた人たちが住む場所を失ったのは１９４８年、さらに第四次まで続いた中東戦争が一応おさまったのが１９７８年、それから数十年の時が経つ。追われた人たちが住む地に生活が築かれているのも当然だ、と思いなおす。

コンクリートの囲いの中に入ると、車一台がやっと通れる幅の道が迷路のように入り組み、その両側に３、４階建ての古ぼけた小さなビルが互いに支え合うように建っている。テント張りの店もいくつかあり、野菜や雑貨を売っている。私たちの訪問を聞きつけたのか、どこからともなく子どもたちが姿を見せ、大人も通りの隅から窺っている。女性は少ない。彼らの視線を感じながら周辺を少し歩き、地域の女性支援施設がある小さなビルに導かれる。そこでは女性の起業支援をしているという。

入り口では、足首まで隠れる黒いヴェールをまとった女性数人が待っていてくれる。髪はしっかり隠しているが顔は覆っていない。２階の部屋に、キャンプに住む女性たちが作った人形やブレスレットがつましく並べられ、入り口にはカンパの箱が置いてある。私はブレスレットを一つ買った後、話しかけることができそうな人を眼で探す。皆大柄で存在感がある。でも、私たち訪問者と視線を合わそうとしない。話しかけたくても私はアラビア語がわからず、彼女たちにはアラビア語以外の言葉を学ぶ機会はおそらくなかったように思われた。残念だが諦めるしかない。

その後、屋上のベランダに出ていると、子どもたちが集まってきた。私たちのグループの数人が持参の折り紙で鶴や兜を作りだすと、声をあげ、競うように手を差し出す。混乱状態だ。事前の説明会で「何が起こるかわからないから、カメラなどは決して渡さないように」という指示を受けていたのを思い出す。外部から訪れる人はほとんどないというから、きっと慣れていないのだろう、少し度を過ぎた歓迎ぶりだ。キャンプの壁越しに見える小さなビルが国連の建てた学校で、教科書も国連が作ったものを使っていると教えられたが、教育内容については聞く機会がない。子どもたちは自分たちが置かれた状況をどのように教えられているのだろう。とても知りたかったが、誰に聞いていいかわからない。

逃れるように下に下り、今度は、キャンプのリーダーが待つ別のビルの一室に入る。片側に並べられた椅子に長老風の男性が数名どっしりと座っている。一人ずつが述べる挨拶の通訳された内容を聞いていると、「自分たちを追いだしたイスラエルへの報復、必要ならば武力を使ってでも」との主張が強い調子で伝わってくる。先ほどのヨルダン側の人たちの印象とは大きく異なる。今度こそ女性の問題について直接質問してみよう、との私の秘かな意気込みも瞬く間にしぼんでしまった。「女性の人権に関する問題など、この人たちが考えたことがあるだろうか。これなら私たちもヴェールを被るように、との指示も仕方がないのかも」と。その場では意見交換もほとんどなく、ほぼ長老たちの主張を聞くので終わってしまった。

難民の受け入れ先として、ヨルダンは比較的条件がよく、国内13カ所あるキャンプの中でも、訪れたマダバは特に恵まれていると聞いた。少なくても私の見た限りでは、飢えに苦しむ、という状況ではない。最低限の衣食住はまかなえそうだ。そんなキャンプでの生活はすでに〈日常〉になってしまっているようだ。でもそれは八方塞がりの日常、自分たちの未来を自分で切り開く方策をもつことのできない、私なら、焦燥に身を捩《よじ》り、大声で叫びだしてしまいそうな〈日常〉のように感じられた。壁を一歩出たヨルダンでは確かに時間が進み、生活が築かれているようなのに。

ヨルダンでは他の国に比して、一定の基準を満たした難民の人たちが希望すれば、ヨルダン国籍を取得する可能性は大きいという。私が出会ったラフィマさんのように、パレスチナ難民の両親から生まれながら、ヨルダン国籍を取得し、弁護士資格も取って、広く人権活動をしている女性もいる。

国籍を取らずにキャンプの外で働くこともできるが、その場合、職種は限られる。いわゆる〈国籍〉はないので、パスポートを得ることはできない。そんな説明を聞いて、一緒にキャンプを訪れた日本人の若い人たちの中では「ヨルダンの国籍を取って、新しい生活に踏み出せば、人生の可能性が広がるのに」という意見が多かった。でも、それだけでは根本的な解決にはならないのは確かだ。

それでは、どうすればキャンプに住む人たち—男性も女性も—が、自分たちの不条理な境遇、あの時間の止まったような空間から抜け出ることだが、暴力的な手段に拠らずに可能だろうか。現代の国際社会ではその手段の一つは情報発信力かもしれない。そのためには、できるだけ客観的で正確な知識を得、そこから現実的な解決法を探り、国際社会に訴える必要があるだろう。だが、キャンプ内では、外部からの情報が限られ、時代の変化に対応できない場合があるという。それを聞くと、キャンプの長老たちの、話し合いの余地のなさそうな断固とした態度、女性支援施設の黒いヴェールの女性たちの人慣れしない硬い表情や、人懐こいけれど、どこか不器用な子どもたちの姿が重なる。

翻って、短い間訪れただけの私にできることはなかったか。言葉で気持ちを伝えることができなかったとしても、もし、ヴェールを被らないで訪れたなら、支援の思いの他に、あの空間で〈異質の文化〉の存在を少しでも感じてもらえたかもしれない。それが反感か共感かはわからない。でも、私があの人たちに考える機会を与えてもらったように、こちらからも何か届けることができたのではないか。そんなことで状況が変わるほど、現実は簡単ではないのはわかっているが。

女性支援施設で買った、パレスチナの赤、白、緑の旗をあしらった黒い革のブレスレットを見ていると、長い時間の中で醸成されてきた軋轢と、国際政治の駆け引きの結果生じた〈追放〉という事実の重さに打ちひしがれてしまう。

6．ここで生きてきた

スエズ運河を抜け、〈アラブの春〉の騒動を窺わせる焼けたビルが残るエジプトの港町ポートサイドに寄港した後、地中海を東へと向かう。船は波乱の歴史を刻んできたボスポラス海峡を進み、８月20日早朝、イスタンブールの新市街にある桟橋に着く。私は、10年ほど前トルコの観光地を訪れていたので、今回は内陸部を知りたいと〈トルコの村でホームステイ〉というコースをとった。

９時半、バス、フェリー、またバスを乗り継ぎ、山間にある古都ブルサに着く。グリーンモスクを訪れ、街を見下ろすレストランで昼食。窓から緑豊かな谷間に広がる街並みが見える。昼食の後、一人で街を歩く。スカーフで髪を覆った女性も見かけるが、どれも軽い素材で明るい色彩のものだ。歩く外国からの観光客に英語で「フェイスブックをしよう」と声をかけている青年もいる。穏やかな日常が感じられる。

再びバスに乗り、さらに奥地に入る。途中下車した村では、ハマーム体験が待っていた。ハマームとは公衆浴場で、地域の集会所としての役割も果たしている空間だ。年代を感じさせるどっしりした石造りの建物は男性用、その傍に新しくコンクリートで造られた建物が女性用。私は女性用の近代的な明るい建物に入り、靴を脱ぎ、2階に上がる。4畳半ほどの脱衣室で水着に着替え、タオルを持って階段を下りる。浴場の広い空間は、壁も床も白い大理石、低い仕切りでいくつかに分けられている。浴槽は隅にあり、さほど目立たない。土地の人たちも何人かいるが、湯に浸かるというよりはむしろ、壁に沿って設けられた階段状の場所に腰かけたり、ゆったり寝そべったり。

私の読んだ本には、イスラム社会の女性たちはハマームで、夫や姑の愚痴など日頃は語れない思いを打ち明け合う、と書いてあった。その内容は外部には漏らさないという暗黙の了解があり、彼女たちの本音が聞ける数少ない場所だとも。現在もそうなのだろうか。

着替えて外に出ると、外気が心地よい。高台に建つハマームの前の広場から、高い山に囲まれた盆地にかたまった低い家々の集落が見え、その手前に周囲と不調和なコンクリートのとっくり型の建築物が聳えている。ガイドに尋ねると「原子力発電所です」との答え。こんな所に、と驚いてしまった。

またバスに乗って、次第に狭くなる山間の道をたどる。夕方近く、バスが予告もなくふと止まる。目的地ジュマルクズク村だ。バスが止まった小さな広場の真ん中に一本の大きな木が枝を広げ、その陰に「オスマン帝国の時代から800年続く村で、世界遺産認定の申請中」と英語で書かれた看板が立っている。広場から石畳の細い道が登り坂になって山へと続き、その両側に少し傾いた木造の家々が互いに寄りかかるように建っている。

私たち約30名は、数グループに分かれ、各々宿泊先の家に向かう。私を含めて18人は〈ナズミエおばさんの家〉と呼ばれる、バス停の傍の、村では大きな三階建ての家だ。ナズミエおばさんはその日親戚に不幸があったとかで、あいにく不在だった。

敷居をまたぐと、広い土間、その奥に裏庭に面した一間が見える。薄暗い土間には、農作業の道具が置かれ、竈《かまど》と台所道具、囲炉裏を囲む木のベンチもある。上がり口で靴を脱ぎ、ギシギシいう傾いた階段を上がると、2階は板張りの広い居間と、寝台や長椅子のある部屋が三つほど。隅に3階への階段が見える。グループのKさんが、慣れた様子で、男性は3階、女性は2階、と部屋割りを決めてくれる。不揃いの寝具は一人に一組あるが、手洗いは全員に一つしかない。

夕食までの時間、家の外を歩いていると何か騒がしい。人の気配のする方に向かうと、パン屋だ。ずっと昔からそこにあるらしい。村の男性が10人ほど店先で列を作って待っている。その時、男性が一人、雨戸のような板を頭上にかかげ、店から威勢よく出てきた。板の上には焼き立てのパンがずらり、香ばしい匂いが辺りに満ちる。

夕食は、2階の広い部屋。食事を準備してくれるのは数名の女性たち。皆年配らしく、顔だけ出して全身を覆う重く黒いヴェールをまとっている。私たちと視線を合わせそうとはせず、黙々と立ち働いている。私たちはトルコ語が話せず、彼女たちはトルコ語以外知らない様子だ。通訳の人は他の家に行ってしまい、言葉を交わす術がない。黙ったまま手伝って食事を並べ、おいしくいただく。もちろんあの焼き立てパンもあり、デザートはスイカ。狭い木枠の窓から、暮れなずんだ空に黒いシルエットになって浮かぶ山々、それを縁取る濃いピンクの残照が見える。夕食後、外に出て空を見上げると、木立の間に無数の星が煌めき、透んだ空気が冷たい。

翌朝は、他のグループも〈ナズミエおばさんの家〉に集まって一緒に食事だ。土間の囲炉裏を二重、三重に取り囲んで座る。相変わらず黒いヴェールをまとった女性が、焜炉《こんろ》の上に置いた大きくて円い鉄板の上で、黙ったまま次々と焼いてくれるクレープのようなものに、自家製の蜂蜜、ジャム、ヤギのチーズをくるんで食べる。これまで食べた朝食の中でも最高の味。今でも忘れられない。

朝食後、外に出て、散歩がてら細い道の両側に並ぶ畳一枚ほどの屋台をのぞく。全部合わせても十数軒。ジャム、菓子などが積んである。ジャムの瓶は再利用なのか、どれも形が違う。

村おこしのために女性たちが作ったものだ、と聞いていたので、お土産に買おうとしても言葉は通じず、身振り手振り。値段を紙に書いてもらい、ようやく手に入れることができた。

出発が近づいた頃、他の家にステイしていた女性がナズミエおばさんを訪ねてきた。数年前にこの家に泊まった、と、その時撮った写真を見せに来たのだ。いつの間にか家に戻って、玄関の石段の前に立っていたナズミエおばさんは、写真を手にしたとたん、はらはらと涙を落とすではないか。大柄で、何事にも動じない肝っ玉母さんといった風貌のナズミエおばさんの突然の涙。取り囲んでいた私たちはハッと胸を衝かれ、しばらく誰も口をきかない。通訳の人が、2年前に亡くなった彼女の夫が写っているからだ、と教えてくれる。ナズミエおばさんはカメラなど持たず、夫の写真もほとんど残っていないのかもしれない。この奥深い山村の、この大きな家で、ナズミエおばさんはどんな人生を送ってきたのだろう。私たちを驚かした涙は、どんな涙なのか。黒いヴェールに包まれた身体に、異国から来た旅行者の「願わくば夫を愛おしむ涙であって欲しい」という勝手な感傷など超えた、数十年の時が、さらには、ジュマルクズク村の800年の時がずっしりと流れているようだった。

都から遠く離れ、歴史から忘れられていたからこそ、長く続いたのかもしれないこの村が、世界遺産になり、観光客が押し寄せるようになったら、どう変わるのか。ここに生きる人たち、女性たちの人生は、どうなるだろう。自分も観光客の一人でありながら、そんな思いを胸に村を後にした。

イスタンブールに戻り、船に帰る前、私たちのバスは大型の名産店に立ち寄った。メイン通りから少し入った三階建ての立派な建物だ。着くとすぐに上階の広い部屋に導かれる。壁には絨毯がずらりと掛けられ、床にも積み上げられている。床に座った私たちに、いかにもベテランといった様子の中年男性が、絨毯を次々に広げて見せながら勢いよくセールストークを始める。後ろの方で聞いていた私は、どうせ買わないのだから、とそっと部屋を抜け出し、階段を下りてみた。

1階は陶器を並べたショールーム。クリーム色の厚い素地《きじ》に赤、青、緑で植物を平面的に描いた特徴的な模様の大小の皿や水差しが壁や机に並べられている。

ゆっくり見て回っていると、白いシャツに濃い茶色のズボン姿の若い男性が近づいてきて「何か探していますか」と日本語で声をかける。「見るだけです」と答えたが、他に客もいないせいか、「これが典型的なトルコの模様です」などと丁寧に説明してくれる。穏やかな調子に嬉しくなって、赤と紺の線でチューリップをデザイン化した模様の直径20センチほどの丸皿を買うことにした。

茶色の厚い紙に包んでもらった皿を手に、店の外に出る。この店の前が集合場所になっているので、もう十数人が入り口近くのベンチで所在なさげに座っている。私も建物の端の壁際の段差に腰を掛け、「前に娘と訪れた時より、イスタンブールの街がずいぶん華やかになったなあ」と考えていた。すると、先ほど応対してくれた青年がいつの間にか傍に来て「お話ししていいですか」と尋ねる。「どうぞ、まだ集合まで時間がありますから」

遠慮がちに隣に腰を下ろした青年は「僕は学生で、この店でアルバイトをしています。英語、フランス語、スペイン語、日本語を独りで勉強しています」と手に持っている小型本をみせる。日本語の漢字練習のテキストだ。「毎日、漢字を15字ずつ憶えています」。そう言って、山、川、木……と書いてみせる。整った字だ。それにしても、独学で漢字まで学ぼうとする人は少ない。「日本へは来ないの？」と尋ねると「日本が好きなんです。行きたいと思って東京の語学学校を調べてみたら、一年間の授業料が80万円でした。僕の父は上級公務員ですが、月給は日本円で8万円。生活費もかかるし、留学は難しいです」との答えだ。

改めて横を見ると、軽くウエーブのかかった栗色の髪、透き通るような白い肌、深い灰緑色の瞳、鼻筋の通った端正な横顔が目に入る。洗練された物腰と共に、日本に来ればモデルで生活できるかも、と思ったが、真剣な様子に安請け合いはできず、黙って聞いているしかなかった。

集合の合図があり、互いに「話せて楽しかったです。お元気で」と別れた。「もし、日本に来ることになったら知らせてね。何かお手伝いできるかもしれないから」とメールアドレスを渡してきたが、それ以後連絡はない。

日本に帰ってから、１９２４年のトルコ共和国建国以来、イスラム世界で初の世俗主義国家として政教分離を国是としてきたトルコが、強権的な大統領の下でイスラム化を進め、反政府運動への取り締まりを強化し、社会が不安定になっている状況が伝えられるようになった。東西文化の結節点であるイスタンブールの街はどうなっているだろう。あの青年はどうしているだろう。観光客も減って、日本留学どころではないかもしれない。意欲のある若者が男女を問わず、学びたいことを、学びたい場所で学べる生き生きした世界、そんな夢をみたい。

7. オランダ文化の〈不思議?〉（1）—プラグマティズム—

8月21日夜、船はモスクを照らすオレンジ色の灯りが波に揺れるイスタンブールの港を出て、地中海を西へ。シチリア、バルセロナを訪れた後、ジブラルタル海峡を抜けて大西洋に出る。フランスのル・アーヴルに寄り、船はさらに北上。9月4日、長い運河の奥のアムステルダムの港に着く。ここで私は〈オランダ文化の不思議にふれる〉と名付けられたコースをとる。〈不思議〉とは何だろう。深くは考えずに参加した。

9時半、バスで港を出発。参加者は二十数名。ツアーリーダーはショートヘアの若い女性Mさん、通訳はアムステルダムの音楽院で作曲を学ぶ個性的な日本人女性だ。茶色を基調とした落ち着いた街並みが運河沿いに続く。〈不思議〉とは何か、具体的な説明はまだない。

下町でバスを降り、狭い通りを少し歩いて"Smart Shop Kokopelli"と描かれた看板のかかった店の前で止まる。どこにでもある若者向きの喫茶店といった外装だ。曇りガラスの嵌《は》まった白く塗られたドアを入ると、突然サイケデリックな色彩の異空間に囲まれる。棚や机の上にはピンクや水色の仏像とおぼしき小さな像やゾウの置物、壁には安価な土産物のような曼荼羅、漂う東洋的な香の匂い……オランダでは"Smart Shop"あるいは"Coffe Shop"というのは、ソフトドラッグと呼ばれるマリファナ（大麻を乾燥させたもの）やハッシッシ（麻の花冠）といった合法麻薬が吸える場所なのだ。

店の奥にある4畳半ほどの30センチほど高くなった床に靴を脱いで上がり、スパンコールを縫い付けた、赤、ピンク、水色の不揃いなクッションに車座になって座る。その時、薄い布のカラフルなブラウスと膨らんだ裾を絞った袴のようなものをまとった、短い金髪の小柄な女性がふわりと風のように現れる。ここで働くニコンさん、と紹介される。

ニコンさんが話し始める。なんとなく焦点の定まらない目、わずかに擦れた声。店の名前"Kokopelli"は、アメリカのアリゾナの洞窟に描かれていた人物の名からとっている。オランダでは、１９９３年に制定された薬物法で、ソフトドラッグが合法化され、このような店がオープンした。ここで吸い方を教えることで、中毒に至る危険や突然の死を避けながら、ストレスを解消したり、気分転換ができる。中南米や中国でかつて薬草として用いられていた〈ハーブ〉は、このような管理された場所ではなく大自然の中で吸うと一層効果的だから、本当はその方がいいのだが……ふわふわとしたつかみどころのない口調で語る彼女には、大麻やハッシッシを売ることの後ろめたさはなく、むしろ、精神的な苦痛を和らげる治療法として人々を救うものだと考えているようだ。

話が途切れた後、質問があるかと聞かれ、私は「大麻やハッシッシで苦しみを忘れなければならないほど、この街で生きるのは大変なのですか？」「吸うのはオランダの人なのに、この店に、中南米やアジアを思わせるエキゾチックな装飾がなされているのはどうしてですか？」と尋ねてみたが、答えはもらえなかった。彼女自身、何かから逃れたいのか、あるいは、自分のような人たちに何らかの逃げ道を提供しようとしているのか。その軽やかな服装の下から、現代の自由社会での〈生きにくさ〉が伝わってくるような人だった。

なんだか魔法をかけられたような思いのまま、街の中心に移動して、明るいモダンなカフェでサンドイッチとサラダの昼食をとる。サンドイッチは半分も食べきれないほどの量、サービスをしてくれる人たちは男性も女性も若くてすらりと背が高い。窓からは、通りを隔てて赤茶色のレンガの建物に交じって大きな教会も見える。

食事の後、同じ場所で、アルコールやドラッグの依存症患者のサポートを行っているNGO〈イエネリック〉の代表者からの話を聞く。ルームス・ケマーニッシュさんという50代と思われる落ち着いた印象の男性だ。先ほどとは異なり、数字を挙げ、具体的にオランダの現状や麻薬政策について教えてくれた。

オランダで麻薬取締法ができたのは約100年前。当時は、全面禁止が最も良い方法だと考えられていた。だが、それでは麻薬依存症の患者総数も、コカインやヘロインといったハードドラッグによる死者数も思ったほど減らなかったという。その事実から現在行われている麻薬対策が考案された。人体に深刻なダメージを与えるハードドラッグとそれ以外のソフトドラッグとを分けること。前者は禁止するが、後者には規制（決められた場所以外に売り出さない、在庫はしない、18歳以下には禁止、等）を設け、それを守れば取り締まらないことにしたのだ。その結果、ハードドラッグによる依存症患者は30年前の1万人から3000人になり、隠れて行う不衛生な注射針の使い回しなどによる病気の感染も大幅に減少した。どうしてもドラッグに依存してしまう人はなくならないが、その人たちがより害の少ないソフトドラッグを〈適切に〉用いるようになれば深刻な事態は避けられる。もちろん、ソフトドラッグにもリスクはあり、毎年7000人の患者を更生施設でケアしている。特に、若年者や精神疾患のある人には影響が大きいので使用するべきではない、というのだ。

さらに、アルコールやタバコが原因の死亡や事件はドラッグによるものよりずっと多いのだから、〈麻薬〉だからといって感情的に対処するのではなく、冷静な方策が必要なのだ、とも付け加えた。

その後の質問の機会に、私は「そのような解決策はとても現実的だけれど、この辺りには教会もたくさんあるのに、倫理的な観点からの反対はないのですか？」と尋ねてみた。するとケマーニッシュさんは意を得たりとばかりに「それこそ、オランダのプラグマティズムなのです」と答える。「現実を現実と認め、道徳、倫理、宗教的な価値基準から距離を置き、実際に効果のある解決策を探るのです。最初は反発もありましたが、今では教会も議会もその方向で進んでいます」と。

三十数年前、アムステルダムを訪れ、夜の街を散歩していた時のこと。いつの間にか通りの両側に派手なネオンで縁どられたショーウインドーが並んでいるのに気づいた。一つ一つの区画は小さく、何がディスプレーされているのかよくわからない。近づいて見ると、区画一つに一人の女性がいるではないか。露出部分の多い鮮やかな色の薄い衣をまとい、立ったり、座ったり、寝そべったり、思い思いのポーズをとっている。その時ようやく、これが〈飾り窓地区〉として知られる合法売春地区だと気づいた。足早に立ち去ろうと通りの角を曲がるとすぐに、夜空を背景に黒い大きな教会のシルエットが目に入った。教会と歓楽街がこんなに近くにあるなんて、と驚いたのを思い出す。

人間の欲望や弱さを、ある一つの固定化した理念で全否定するのではなく、ある程度容認して、一人の人間が破滅に陥る前に助ける具体的なシステムを作る。それを〈自由〉と呼んでいいのかわからないし、その〈自由〉に溺れてしまうリスクもあるだろう。だが、オランダの社会は、その危険を冒してまで、人間が自分自身に与えられた〈自由〉をどこまでコントロールできるのか、それを試しているようだ。

日本では、有名人の麻薬がらみの事件や不倫などのスキャンダルが発覚すると、マスコミが〈世間の常識〉という名の下に徹底的にバッシングする。あのような一過性の騒ぎで何かが変わるだろうか。私たちは、ただ悪意にも似た好奇心を満たすのではなく、その原因や防止策を社会の問題として冷静に考えているだろうか。オランダ風プラグマティズムが最良かどうかはわからないが、学ぶことは多いのではないかと思う。

8．オランダ文化の〈不思議？〉（2）―エラスムスの子どもたち―

9月4日、アムステルダムで交流ツアー〈オランダ文化の不思議にふれる〉に参加し、麻薬問題について考えさせられた後、NGO〈文化とレジャーのためのセンター（COC）〉に向かう。訪れる直前に、同伴の短い髪の女性のツアーリーダーMさんから、性的少数者をサポートするNGOと知らされるが、詳しい内容はまだわからない。

街をバスで移動し、着いたのはアムステルダムの街並みに溶け込んだ間口の狭い建物。わずかに入り口に貼られたポスターで何かの集会所であることがわかる。2階の部屋に導かれ、楕円形のずっしりしたマホガニーのテーブルの周りに座って待っていると、現れたのは、薄い色の金髪をショートカットにし、ジャンパーとジーンズを素敵に着こなした現代の妖精のような女性。青春映画の魅力的な主人公のようだ。

その人、Xさんが「COCは1946年に設立されました」と話し始める。第二次世界大戦中、オランダを占領したナチスは、ユダヤ人同様、同性愛者も迫害した。その反省から、戦後、同性愛者の権利獲得を目指した組織なのだと。現在、オランダでは、性的少数者に対して偏見を持つ人たちはもちろんいるが、法的な整備は世界で一番と言っていいほど進み、同性婚はもとより子どもを持つことも可能になっている。〈女性〉同士のカップルの場合、そのどちらかが他の男性からの精子で産んだ子どもは実子として比較的簡単に認められる。〈男性〉同士のカップルが他の女性に産んでもらった場合は、手続きがやや複雑になるが、それでも実子として認められる。就職に関しても、性的少数者であることを理由に差別してはならない……。

慣れた口調での説明が一区切りして、今度はXさんが「日本の現状はどうですか?」と私たちに問いかける。「日本ではまったく差別はありません」と即答した人もいた。でも私は「テレビなどでは際物《きわもの》扱いが多いです」と答えた。確かに最近のテレビでは〈オネエ系〉と呼ばれる人たちがもてはやされている。でも、時に必要以上にその役割を演じることを強いられているようで、私には痛々しく思えるのだ。本当にその人の能力を評価しているのではなく、物珍しさといくらかの揶揄を含んだ〈特別扱い〉なのではないか。社会における許容度は以前よりは増してはいるが、その人たちの生活を現実に支えるべき法律の整備はなかなか進まず、同性婚はもちろん戸籍の性別変更のハードルも高いのだから。

その時、それまでじっと話を聴いていたツアーリーダーのMさんが、思い切った様子で「私はここに来るのを楽しみにしていました」と切り出した。「実は私も性的少数者なのです」。部屋にさっと緊張が走る。それまでいわば他人事だった問題が急に現実味を帯びてきたかのように。部屋の雰囲気が変わったのを感じ取ったのか、Xさんが「わかって欲しいのですが、私たちは自分で好んで性的少数者になったわけではありません」と言葉を続ける。「特別扱いしてもらいたいのではありません。ただ、あるがままの存在として認めて欲しいだけなのです」

時間が来て、Xさんに見送られてセンターを後にし、ナチスに迫害された同性愛者追悼のモニュメントを訪れた。運河に面した河岸に、白い石を各辺2メートルほどの三角形に組み合わせて敷いてある。知らなければ見過ごしてしまっただろうこのモニュメントにどれほどの悔しさと哀しみがこめられているのか。重い宿題をもらったように言葉少なに船に戻った。

船がアムステルダムを出てすぐ、船内で〈性的少数者の問題を考える会3夜連続〉の掲示があった。夜遅い時間だが私も参加してみた。主に若い層の人たちが50名ほど集まっている。他の会合と比べると若い人たちの関心の高さを感じる。ピースボートスタッフとして顔を見知っていた4名〈男性〉3名、〈女性〉1名〉が正面の椅子に座っている。南米出身の7カ国語を操る、黒い髪をした長身のAさん、小柄なアフリカ系米国人のカメラマンBさん、英語講座の講師の米国人Cさん、そして私たちのツアーリーダーだったMさん。20代後半から30代前半の彼らが、各々自分の体験や思いを語ってくれた。

Aさんは、思春期に自分の性向に悩み、自分が通う教会の神父に相談したところ「地獄に堕ちろ」と突き放された。姉の結婚式の日にチャペルの鐘の音にまぎれて母親に告白した後、国を出て、以来ずっと外国で働いている。Bさんは、米国で、黒人、同性愛者として何重もの差別を受けてきた、と言う。Cさんは女の子として生まれた自分の身体に幼い時から違和感を持ち続けていたが、ようやくこの船に乗る前に性転換手術を受け、今もホルモン剤を飲んでいる。そしてMさんは、以前乗客としてピースボートに乗った時、堂々とカミングアウトしている〈女性〉に出会い、その人に背中を押されるように自分のことを語れるようになったが、まだ両親には打ち明けられずにいる……。

4人ともすでにある段階を越えているのだろう、抑制した中にもユーモアも交えた口調だが、それは長く、深い葛藤の後でたどり着いたものに違いない。中でも、私に最も印象深かったのは、4人の〈結婚に土台を置く安定した家庭生活〉への切ないまでの憧れだった。自分をありのままの存在として無条件に承認し、受け入れてくれるパートナーとの愛情に満ちた家庭生活。〈結婚〉本来のあり方を彼らから考えさせられてしまった。

だが、私は、性や愛というものは人間にとって根源的であると同時に最も個人的なもので、国家権力が介入する法的な結婚制度には以前から違和感があった。結婚を愛情ではなく利害関係として捉える人たちに反発も覚えてきた。最近、日本の異性間のカップルでも夫婦別姓や事実婚などより自由な男女のあり方が模索されるようになったのに、彼らがどうして〈結婚〉という制度にそれほどこだわるのか、意外だった。その感想を述べると、4人とも戸惑った表情を浮かべ、しばらく考えた後で、顔を見合わせながら「それも選択肢の一つなのです」との答えが返ってきた。制度としての〈結婚〉は、少数者であることを意識せざるを得ない人たちにとって、社会が自分たちを正式に受け入れてくれる証しとして、獲得しなければならない権利なのかもしれない。

世界では、今でも80以上の国々で〈同性愛〉が刑事罰に処せられるという。それに比して、オランダの社会は〈好んでそのように生まれたのではない〉人たちの存在を受容し、その人たちが生きやすいような、さらには幸福を追求できるような社会制度を整えようとする。それは、力や数を恃《たの》んで、自分たちを絶対の価値基準として疑わない、狭量で傲慢な排他主義とは対極にある。

仏文学を学んでいた学生時代、フランスの16世紀のルネッサンスや18世紀の啓蒙主義がオランダの哲学者エラスムスから大きな影響を受けているのを知った。教会や国家が権力を握り、社会や道徳の枠組みを作って人々を支配し、そこから外れる者を〈異端〉〈反逆者〉として排除し、時にはその生命すら奪っていた時代に、相対的な視点から導かれる、異なるものの存在を認める〈寛容〉という精神。それを生命を賭して示した人たちがいた。現代のオランダに、確かに〈エラスムスの子どもたち〉は生きている。

この航海を終えた頃から、日本では性的少数者の問題が加速度的にクローズアップされるようになった。ＬＧＢＴという表現も広く認知されるようになったし、同性婚を事実上認める自治体もでてきた。Mさんも、また一つの壁を超えたのか、自分の体験を記した本を出版したり、テレビ番組でLGBTへの理解を求める発言をしている。「好んでそのように生まれたのではない」多様な人たちを、当たり前に受け入れられるような社会が当たり前になればいいと思う。

9．パスポートはいらない

船はアムステルダムを出て、デンマークのコペンハーゲンに寄港してから、9月8日朝、スウェーデンの港町ニーネスハムンに入る。ここから私は〈フィヨルド観光とオーロラ鑑賞の旅7日間〉に参加する。ニーネスハムンからバスでストックホルムへ。深い緑に包まれたストックホルムを観光した後、オーロラが見えるスウェーデンの最北の街キルナへと向かうのだ。

キルナはラップランドにある。昔からサーミ人がトナカイの放牧をして暮らしていた地域だ。1948年にスウェーデンの市となり、良質な鉄鋼を産出する国営鉱山が主な産業だという。かつて露天掘りだった鉱山は姿を変え、今では地下1000メートル、作業はコンピューター制御で行われているそうだ。人口は郊外も含め約2万3千人。どんな街だろう。

午後6時、ストックホルムの駅に着く。混み合う駅の売店で夕食と明日の朝食分の食料を各自で買い込み、寝台列車に乗り込む。客室に落ち着いてすぐに食事。私はサンドイッチとジュースとリンゴ。車内のざわめきもいつの間にか消え、車輪の音だけが響く。街の灯りもすでに遠く、車窓に映る針葉樹の黒いシルエットが青く暮れなずむ空に吸い込まれるように消えていく。すでに調えられていたベッドの毛布とシーツの間に潜りこみ、横になってボンヤリと闇を映す窓を見ているうちに、知らずに眠りにつく。

夜明け近くに目覚め、また同じような朝食。7時過ぎにボーデンに到着。そこで列車を乗り換えて3時間余り、午前10時過ぎ、ようやくキルナだ。山小屋のような木造駅舎の外には、鉱山で栄えたこの街を記念して、鉱夫が数人ツルハシを振るう姿が像になって残されている。だが時代の流れか、近々鉱山は完全に閉鎖され、街全体が引っ越すことになっているそうだ。そのせいかシーンとした静謐が街を包む。

丘の斜面に沿って広がる街はほっそりした木々に包まれている。木々はどれももう秋の色、紅、オレンジ、黄色……。ひんやりした微かな風に木の葉がさわさわと揺れる。丘の頂上近くに、バンガローのような建物が数棟風景に溶け込むようにさりげなく並んでいる。これがホテルだ。鍵をもらって入った部屋は、抑えた色調ですっきりと清潔。必要なものだけがセンスよく配置されている。ここでしばらく休息をとり、オーロラが見えるかもしれない日暮れを待つのだ。

日暮れといってもなかなか暗くならない。10時頃、待ちかねて外に出てみるとやはり寒い。冬の厚い上着が要るほどだ。ホテルの敷地内の、人工の灯りが届きにくい場所にあるオーロラを待つログハウスに行ってみる。室内は暖房が入って暖かい。半袖のTシャツでも大丈夫。壁の一部に広く厚いガラスが嵌め込まれ、そこから外が見える。テーブル、椅子、コーヒーやクッキーも備えてあり、洒落たカフェのようだ。

その小屋に10人ほど集まってきた人たちは、なかなか現れないオーロラに見切りをつけ、一人また一人とホテルの部屋に戻ってしまい、真夜中を過ぎる頃には私も含め3人になってしまった。以前オーロラを見たいとカナダのイエローナイフまで行ったが叶わず、今度こそは、と意気込む50代の女性Iさんと、元営業マンの男性Tさん。Tさんは50歳を過ぎた数年前、アルツハイマー病と診断され、仕事を辞めた後、自分の病気について調べ始め、今では各地で講演したり、国際的な集会にも参加している。患者の立場から発言を続け、この病への理解と対策を考えて欲しいと活動している。船内でも自分の体験を語り、その明るく思いやりのある行動もあいまって関心を集めていた。

私たちもそろそろ諦めかけた午前1時頃、もしや、と外に出てみると、空の一部が帯状に白んでいる。それがゆらゆらと揺らめき始め、たちまち薄い緑色の濃淡になって広がり、あちらこちらで消えては現れ、現れては消える。見上げている自分の身体も重力を失い、ふわりと浮かび上がりそう。宇宙を身体いっぱいに感じる。隣で空を見上げているTさんが「家内にも見せてやりたいなぁ」と呟くのが聞こえる。

次第に人が外に出てきて、抑えた歓声やささやき声があちこちから聞こえてくるが、1時間もしないうちに、薄い光の帳《とばり》は魔法のように暗い空に吸い込まれていった。

翌日は、オプショナルツアー〈サーミの文化体験ツアー〉に参加だ。バスに乗り、キルナの街を出る。冬に氷で創った部屋の一部を残して、夏の間観光客に開放しているアイスホテルを訪ねた後、サーミの人たちが住む集落を訪れる。北極圏でトナカイを追って暮らしていた先住民族の伝統的な生活を観光客向けに残してあるのだ。

林の中、木の柵で囲った敷地に着くと、柔和で知的な表情の初老の男性が迎えてくれる。黒に赤い模様の房飾りのついたフェルト帽、灰色の上着、黒い革の長靴、肩に赤や緑の糸で織られた布を掛けている。伝統的な服装だという。柵の中にはトナカイが数頭。想像していたより大きい。私たちを見つけて寄ってくるトナカイもいるが、観光客に慣れているのか、ほとんどが無関心だ。

先ほどの男性が、何の衒《てら》いもなく説明してくれる。多くのサーミ人が新しい時代の生活に移行した現在でも、暖かい季節にはトナカイの放牧で移動生活を送り、冬にはこの辺りで暮らしている人たちがいる。移動の間は昔ながらの生活だが、戻ってくれば、トナカイの管理や生産物の流通などにパソコンを使う。政府間の取り決めで、サーミの人たちの移動にはパスポートが要らないそうだ。

敷地を囲む柵には、キャンバス地の布が何枚か張られていて、各々に赤い塗料で太陽や木を想起させる図柄が大きく描かれている。「あれは何ですか?」と尋ねると、「私たちには文字がなかったので、その代わりです。今はもちろんスウェーデン語を使っているし、英語を話す人も多いですが」。「〈サーミ〉とはどういう意味ですか?」「〈雪の上を滑る人〉です」。街の名前〈キルナ〉は〈ライチョウ〉の意味だという。

その後、トナカイの革を張り合わせて作った直径10メートル、高さ4メートルほどの大きなテントの中で昼食をとる。茹でたトナカイの肉にベリーのソースがかかっている。肉は硬く、味もほとんどない。ソースの甘酸っぱさだけが舌に残る。薄暗いテントの片隅には小さな焚火が燃え、仄かに暖かい。焚火の傍の棚に土産物が置かれているが、どれもトナカイの骨や革を加工した素朴なもので、品数も少ない。限られた自然を損なわないように、必要なものだけの、すべてにつましい生活だったのだろう。

私がサーミの村を訪れてから5年後の2016年、スウェーデン、ノルウェー、デンマーク共同の『サーミの血』という映画が創られ、東京国際映画祭をはじめ多くの映画祭で賞を得た。監督、脚本はサーミ人の血をひくアマンダ・シェーネルだ。その映画によると、1930年代のスウェーデンではサーミ人は劣等民族として差別を受けていたという。主人公の少女は高校で優秀な成績を修め、進学を希望するが、教師から「あなたたちの脳は文明に適応できない」という言葉を投げつけられ、村を捨て、サーミであることを隠して生きていく。

世界のあらゆる場所で見られる少数民族、先住民族の問題だ、この静かな北の地にもあったのだ。客観的な事実を見ずに、他者を〈劣等〉と決めつける〈文明〉などあるだろうか。そのような思い込みを捨て、他者を個人として認め、受け入れる、それが本当の文明ではないだろうか。人間社会の複雑な問題など、ひんやりした透んだ空気の中に溶けてしまいそうな北の国々でも、ようやく過去の問題に向き合う人たちが出てきたようだ。

日本の都会の人ごみに疲れた時、目を閉じてみる。オーロラが揺らめく北の空、凛と凍てつく大気の中、トナカイを追って雪の上を滑る人たちの姿が、音のない映画のように浮かんでくる。おとぎ話かもしれない。でも、それだけで身が引き締まる思いと同時にとても自由な気持ちになれるのだ。

10. 私がやってみる

大西洋を斜めに横切りながら南下、コロンブスがアメリカにたどり着いて最初に上陸した地、サントドミンゴを訪れた後、パナマ運河を抜け、9月28日、コロンビアのカルタヘナに近づく。船が湾の奥へと進むにつれ、南国の蒼い海と空の間に白を基調としたビルが立ち並ぶのが見える。思っていたのよりずっと近代的な印象だ。

私はここで〈アフロコロンビアの挑戦〉という交流ツアーに参加する。300年ほど前にアフリカ大陸から連れてこられた人たちの子孫が、奴隷の身分から解放されて以来住む村の一つを訪れるのだ。ツアーリーダーとスペイン語通訳が同行するが、現地を案内してくれるのは、環境保護団体〈ピエドラ〉で8年前から活動しているブラン・ドミナさん。30歳代後半と思われる黒人の男性だ。

9時半、港からバスで出発。港を出てすぐ、窓の外に海岸線に沿ってマングローブの林が続く。それを見ながらドミナさんの話を聞く。〈ピエドラ〉は、この港近辺のリゾート開発に伴う〈汚水垂れ流し〉の問題に反対して立ち上げられ、以後〈開発〉から見えてくる様々な問題に取り組んできた。土地の強引な買収により、漁業でかろうじて生計を立てていた人たちは漁

郵便はがき

料金受取人払郵便

新宿局承認

4946

差出有効期間
平成31年7月
31日まで
(切手不要)

1 6 0-8 7 9 1

843

東京都新宿区新宿1－10－1
(株)文芸社
愛読者カード係 行

お名前《ふりがな》				明治 大正 昭和 平成 年生 歳
ご住所《ふりがな》	□□□-□□□□			性別 男・女
お電話番号	(書籍ご注文の際に必要です)	ご職業		
E-mail				

ご購読雑誌(複数可)	ご購読新聞 新聞

最近読んでおもしろかった本や今後、とりあげてほしいテーマをお教えください。

ご自分の研究成果や経験、お考え等を出版してみたいというお気持ちはありますか。

ある　ない　内容・テーマ(　　　)

現在完成した作品をお持ちですか。

ある　ない　ジャンル・原稿量(　　　)

書　名				
お買上 書　店	都道 府県	市区 郡	書店名 ご購入日	書店 年　月　日

本書をどこでお知りになりましたか?

1.書店店頭　2.知人にすすめられて　3.インターネット(サイト名　　　　　　　)

4.DMハガキ　5.広告、記事を見て(新聞、雑誌名　　　　　　　)

上の質問に関連して、ご購入の決め手となったのは?

1.タイトル　2.著者　3.内容　4.カバーデザイン　5.帯

その他ご自由にお書きください。

(　　　　　　　　　　　　　　　　)

本書についてのご意見、ご感想をお聞かせください。

①内容について

②カバー、タイトル、帯について

弊社Webサイトからもご意見、ご感想をお寄せいただけます。

ご協力ありがとうございました。

※お寄せいただいたご意見、ご感想は新聞広告等で匿名にて使わせていただくことがあります。

※お客様の個人情報は、小社からの連絡のみに使用します。社外に提供することは一切ありません。

■書籍のご注文は、お近くの書店または、ブックサービス(0120-29-9625)、セブンネットショッピング(http://7net.omni7.jp/)にお申し込み下さい。

場を失ってしまった。一時的に建設現場での仕事を得る人もいたが、建設工事が終わると、業者はホテルなどのサービス業には他所から連れてきた人たちを雇用し、土地の人たちは新しい仕事への訓練を施されることもなく、見捨てられてしまったという。

さらに、インフラのことを十分に考慮しない拙速な施設建設のせいで、あちらこちらで生活排水があふれ、汚水による公害が生じている。そう聞いて窓の外を見ると、確かにアスファルト2車線の道路の未舗装の路肩はぬかるみ、道路わきには濁った水たまりが目立つ。

バスで30分ほど走り、少し山道を歩いて、経済的自立のために始めたという個人菜園に向かう。新たな試みとしてピースボートも支援しているという。丈の高い草をかき分けるようにして着いたのは、質素なトタン屋根と板張りの家。傾いた木の柵が周りを申し訳のように囲んでいる。40歳代後半かと思われる屈強な男性が出迎え、敷地内の菜園を見せてくれる。2坪ほどの畑に、トウモロコシ、トマトやピーマンが各々数株だけ。それでもその人は、支援のおかげで鶏を飼って卵を売り、妻と子ども6人がようやく食べていけるようになった、と誇らしげだ。「鶏は何羽いるのですか」と尋ねると「20羽ほどです。まだ人を雇う余裕はないけれど、これからもっと規模を大きくしたい」と意欲的だ。

日本でなら、あの規模で経済的自立はとうてい無理だろう。ましてや国際市場を相手の競争など考えられもしない。ひっそりと地球の片隅で営まれる自立への試みが潰されることのないように、複雑な思いでその場から離れた。

またバスに乗り、アフロコロンビアンの村に向かう。村に一つだけある学校の先生や生徒が、休日にもかかわらず私たちのために登校していると聞く。低い山の林の中に集落らしきものが見えてきて、バスを降りる。赤茶けた木々がまばらに生え、その間に、以前は水色や緑、オレンジだっただろうペンキの剝げた小屋が不揃いに建っている。多くは4畳半ほどの一間だけ。いずれも片側は大きく開き、中まで見える。家の前の椅子や段差に腰を掛けてぼんやり外を眺めている人が何人かいる。歩く私たちが目に入っているだろうに、無関心なのか、あまり目立ったリアクションはない。村の中央の少し大きな建物の壁に、白いペンキで十字架が描かれている。植民地政策とセットで南米に持ち込まれたキリスト教は、自由を奪われていた人々のその後の生活の救いとなっているのだろうか。その日は教会に人の気配はなかった。

奥に、村では一番大きな平屋の木造校舎がある。傾いた門から入ると校舎はすぐ。運動場は見当たらない。トイレが使用できると聞いていたが、示されたのは建物の外壁に張り付くように作られた二つの囲い。片方のドアはなく、もう一つのドアも下半分は壊れ、西洋風の便器の蓋はなく、最近掃除された様子もない。私も含め使うのをやめた人が多かった。子どもたちはこれを使っているのだろうか。胸が痛む。

それでも、校舎に一つある広い部屋の壁には精いっぱい楽しげな飾り付けがしてあり、私たち30人ほどのために、壁に沿って並べられた児童用の机に人数分の昼食が用意され、フォークとスプーンもセットしてある。校長先生やツアーリーダーの簡単な挨拶の後、日本から来た私たちへの心遣いが感じられる食事をとる。チキンのスパイシー煮込みに米を添えたもの、バナナ一本と清涼飲料のペットボトル。食べやすくて美味しいが、周囲で立ったままの数十人の子どもたちの視線が気になる。

食事の後、先生の合図で子どもたちの踊りが始まった。男子だけ、女子だけ、男女一緒のもの。7、8歳から12歳頃までの20人ほどが、簡単な民族衣装をつけ、音楽に合わせて入れ代わり立ち代わり軽やかに身体を揺らし、ステップを踏む。それが遠い祖先の地アフリカからもたらされた踊りなのか、新たにこの地で生まれたものなのか、私にはわからない。だが身体に刻み込まれたリズム感覚は脈々と受け継がれているようだった。

30分ほどのダンスの後は自由な交流の時間だ。各々の席で、ハーモニカを吹く人、マジックをする人、折り紙を折る人……それまで背後で所在なさげに私たちを取り囲んでいた子どもたちが、少しずつ近づいてくる。私も他の人たちと折り紙でツルを折り、子どもたちに渡す。次第に差し出す手が増え、時間のかからない三宝や奴《やっこ》に変えるが、それでも追いつかない。子どもたちは一つ手にすると、大きな声を出してそれを投げたり、破って捨てたり。すぐに次を欲しがる。ひたすら紙を折る私の髪の毛を引っ張る子、膝に乗ってくる子……ちょっとした混乱状態だ。内心「どうなるんだろう、誰か止めてくれないかしら」と思い始めた頃、私の右腕が軽く引っ張られる。「何？」と振り向くと、縮れた髪の毛を細かい三つ編みにした、くりくりした目がいかにも利発そうな7歳ぐらいの女の子が「自分でしたい、折り方を教えて」と身振りで伝えようとしている。隣に座ってもらい、三宝を一緒に作る。その子は紙を折っては元に戻し、また折り目に沿ってやり直す。他の子たちも、私よりその子の手元に注目し始め、自分で折りだす子どももいる。ぴったりと身を寄せて座る女の子の息遣いや肌の温かさを感じながら、何かが伝わっていくのはこんなふうにしてかもしれない、そんな思いを味わえたひと時だった。

時間が来て、お別れを言い、学校の敷地を出るところで、年かさの男の子数人が、禁じられているのだろう、こっそりボールペンをねだる姿があった。前もって「ものをあげないように」と注意を受けていた私たちは無視するしかなかったが、先ほどの、ガランとした家の前で虚ろな目をして座る大人たちの姿が重なり、切なくなってしまった。

戻る途中、船から見えた白いビル群の近くを通る。遠くから見た時とは違い、なんだか心寂《うらさび》れている。割れた窓ガラス、ビルの下にはゴミ。何より人影がない。白昼夢の廃墟のよう。建ててはみたものの、後の管理はうまくいっていないようだった。

夕暮れに歩いた、世界遺産の、城壁に囲まれたカルタヘナの旧市街。オレンジ色の街灯がスペイン統治時代の色鮮やかな家並みを妖しく照らし出す。かつて奴隷が売られていたという広場は、観光客向けの果物を売る鮮やかな民族衣装をまとった黒人女性の声で賑やかだ。でも、そぞろ歩いているのはほとんどが肌の白い人たちか、私たちのような観光客。

あの子どもたちが、白いビルの中でいきいきと働き、屈託なく旧市街の散策を楽しむ日が来るのだろうか。これまでの大人たちをただ真似るのではなく、未来を、自分たちのやり方で創っていくことができる日がくるだろうか。折り紙を「自分でやる」そう伝えていた女の子の目を祈るような気持ちで思い出す。

11．さようなら、ジョージ

大西洋側にあるコロンビアのカルタヘナを出てパナマ運河を抜け、10月1日、太平洋側のパナマのバルボアで下船、パナマ空港から飛行機でエクアドル共和国最大の都市グアヤキルへ向かう。途中、赤道を北から南へ越えたことを知らされる。そういえば「エクアドル」はスペイン語で「赤道」の意味だ。グアヤキル経由でガラパゴス諸島でのオプショナルツアー〈ガラパゴス・森再生プロジェクト7日間〉に参加するのだ。グアヤキルの空港では30歳前後のきりりとした日本人の男性が待っていてくれた。ガラパゴスで自然保護活動に携わる柴田さんで、これから私たちのガイドをしてくれるという。

エクアドルの首都は内陸のキトだが、人口はグアヤキルが350万と最も多い。広い道路が縦横に走る近代的な街を少し観光してホテルに入り、部屋に荷物を置いて外に出てみる。200坪ほどの公園の中央に「ラテン・アメリカ独立の英雄」と呼ばれる英雄シモン・ボリバル（1783〜1830）の像が立ち、その周りを芝生と木立が囲む。芝生のあちこちに動くものがいる。濃い灰色で大きさは猫ぐらい。でも形は恐竜のよう。イグアナだ。見上げると木々の枝の間にもその姿がいくつも見える。私にはちょっとしたカルチャーショックだ。でも、尾を触って遊ぶ小さな子どももはいるが、大部分の人たちは無関心。

公園を挟んでホテルと向かい合って建つ、外壁が淡いピンクに塗られた教会から聞こえる歌声に誘われて、正面の入り口からそっと入ってみる。カトリックの日曜日のミサだ。しばらく讃美歌に耳を傾けていると、突然、曲調が変わる。ゴスペルだ。リードしているのは黒人系の人たち。そういえば淡い光の中に様々な色の髪や肌の人たちが見える。エクアドルは南米で最も混血率が高い、と柴田さんに教えられ、納得する。

翌朝はいよいよガラパゴスへ。ガラパゴス諸島は、大陸のエクアドルの海岸線から太平洋を西へ約1000キロ離れた、成立の時期も過程も異なる大小56の島からなる。現在は陸地の97

%が国立公園に、周辺海域約13・8万平方キロが海洋保護区に指定されている。大陸から遠く離れた位置的な理由もあって、固有の生物が多く残り、1978年に世界自然遺産第1号に指定され、観光客が押し寄せるようになった。そのせいで固有の生態系が危機にさらされ、2007年危機遺産に指定されてしまう。だがそれも関係者の努力で3年後に解除されている。

ガラパゴスは、イギリスの生物学者ダーウィンが『種の起源』（1859）で発表した〈進化論〉の着想を得た場所でもある。発表当時〈進化論〉は「神が人間を創った」という聖書の記述に背く、と大きな反発を受けた。しかし、結果的には、当時の人間観、ひいては世界観を根底から大きく揺るがすことになった。時を経て、現代の進化理論は「生物の遺伝的形質が世代を経る中で変化していく現象」だと説明され、〈進化〉は必ずしも〈進歩〉を意味せず、価値判断には中立的であるという。

飛行機の中で持参した文庫版の『進化論』に目を通しているうちに、お昼近く、空港だけの島、バルトラ島に着く。木造平屋の待合室で入島税10ドルを払い、靴の底を洗う。外来種を持ち込まず、固有の自然を護るための規則だ。そこから小型船でホテルのあるサンタクルス島に移動する。湾には海鳥が飛び交い、停泊する船の縁にペリカンが止まっている。

〈エクアドル（赤道）〉という名を持つ国に属するということから想像していたのとは異なり、それほど暑くない。ガラパゴスには雨季（12～5月）と乾季（6～11月）があり、年平均気温は23・7度とガイドブックにある。サンタクルス島も南極海流のおかげで一年中温暖。暖流と寒流が交わるせいで、細かい霧ガルーアにすっぽり包まれ、海から島が見えなくなることもあるそうだ。それで、かつて船乗りから〈魔の島〉と呼ばれたり、移動する鯨と考えられたこともあるという。メルヴィルの小説『白鯨』（1851）はこの島に着想を得ていると教えられ、驚く。

港の反対側にあるホテルへの島内の移動は小型バス。バスが走る軽い起伏のある舗装道路の両側には葉を落とした細い枝の木々が続いている。固有種のスカレシアというキク科の植物で、内陸部のものは5～20メートルにも育つという。夏が近づくと、枝一面を細かい白い花が覆い、ダーウィンもその美しさを称賛したと聞き、花の季節が過ぎていたのをとても残念に思う。

ホテルまでの途中、チャールズ・ダーウィン研究所を訪ねる。バスを下り、曇り空の下、狭い道を歩いていく。人影はないが、時々小鳥や鮮やかな色彩の小さなトカゲに出合う。小鳥はダーウィンがその形態の相違から進化論着想の直接のヒントを得たフィンチだろう。フィンチもトカゲもかなり近づいてカメラを向けても逃げようとしない。

研究所は低い木々やサボテンに埋もれた質素な建物だ。入り口の立札に、この研究所はNGOのチャールズ・ダーウィン財団（CDF）によって運営され、世界中の個人や企業からの寄付と助成金によって支えられている、と記されている。主な活動は、固有生物や生態系の復元・

保全のための調査研究、絶滅が危惧される固有動物の保護と人工繁殖、エコツーリズムに関する調査と指導、島民（特に子ども）への環境教育プログラムの企画、実行などだ。

研究員に導かれ、木枠で囲われたいくつもの区切りの前に出る。中に小さな亀が各々十数匹ほど。そもそも〈ガラパゴス諸島“Las Islas Galápagos”〉とはスペイン語の〈ゾウガメ“Galápago”〉に由来する。スペイン語を話す人間がこの島にやって来た当初は、ゾウガメがさぞ多くいたに違いない。ところが、大航海時代、生きた蛋白源として船に乗せられ、ほぼ食べつくされてしまった。ここにいるのは、絶滅しかけた各種のガラパゴスゾウガメの貴重な子孫なのだ。フィンチ同様、ゾウガメも島によって進化の過程が異なり、食べる物も違うので、それぞれの生まれた島から餌となる植物を持ってきて与えているという。

ひときわ広い区画がある。その鉄柵の低い木や草の間に、幅1メートル以上あるかと思われる亀の甲羅が各々距離を置いて三つ見える。一番大きいのが、ピンタゾウガメのジョージだ。私たちが来たのにも反応せず、草むらに隠れるようにじっとしている。他の2頭はこちらの様子に反応しているようなのに。

１９７１年、ピンタ島でゾウガメが2頭だけ発見されたが、1頭はすぐ死に、残った1頭は保護され、ロンサム・ジョージと呼ばれるようになった。１９９３年から遺伝子的に近い雌2頭とペアリングが試みられたが上手くいかない。老齢（推定１００歳。人間では中年）からというよりは、仲間との生活がなかったせいで、コミュニケーションが下手なのだそうだ。彼の送ってきた長く孤独な時間を思う。

午後遅くホテルに入る。木造二階建て。内装も調度も素朴だ。部屋には空調設備はなく、窓の木製鎧戸を調節して風を入れる。夕食まで時間があるので、一人散歩に出てみる。ホテルの前の道はすぐ警察官の訓練場だという小さな広場に続き、その広場の横はもう海岸の岩場だ。ごつごつした黒灰色の岩の上に、岩と同じ色の海イグアナがぎっしり並んで、まだ残る太陽の光で身体を温めている。体長は30センチから掌に乗るぐらい。私が近づいても動かずじっとしている。数十種いる仲間の中で唯一、餌の確保のために海に入って生き延びる道を選んだ海イグアナ。いかつい外見にかかわらず、藻を主食とする穏やかな生き物なのだ。

港の石段にはオットセイがゴロリと寝転んで気持ちよさそうに目を閉じている。傍を通る人たちも彼らに構う様子はない。オットセイもイグアナも人間を警戒する様子がない。その距離感が羨ましい。

ホテルでの毎日の朝食時には中庭からフィンチが飛んでくる。バイキングの皿をついばんでもホテルの人は追い払わない。最後の夜に行った桟橋近くのレストランでは、小さな濃い茶色のイモリが柱から下りてきて、私のデザート皿に残ったチョコレートソースをなめていく。可愛い、そう感じる自分に少し驚く。人間とその他の動物が共にいるのが当たり前の生活風景、私もいつの間にか慣れてきたようだ。

日本に戻って9カ月も経たない2012年6月24日、ロンサム・ジョージの死が報じられた。あの時の、茂みに頭を隠して動かないジョージの後ろ姿を思い出す。彼の死は〈適者生存〉とか〈自然淘汰〉という言葉で片付けられるだろうか。人間は彼らの種の絶滅の直接的な原因であることが許されるほど特別な存在なのか。自分が食物連鎖の頂点にいる人類に属することを有難く思いながらも、弱肉強食の罪深さに慄然とする。

12. ペリカン湾の水

ガラパゴスに着いて三日目は〈ガラパゴスの森再生プロジェクト〉だ。ガラパゴスの島は各々成り立ちが異なるが、平坦であったり、火山性の地質であったり、どの島も水を蓄えるのが難しい。それゆえ、捕鯨などの基地として使われることはあっても、人間が定住することは久しくなかったが、エクアドルが領有を宣言した1832年から徐々に入植が進む。その結果、外来植物がもたらされ、固有種の絶滅が危惧されるようになった。このプロジェクトは、本来の植物生態系を取り戻す活動を支援するものだ。

上陸前の船内で苗木購入資金を目的とする木のプレート販売があった。そのプレートに名前やメッセージを書いて残すことができる。私も一つ購入し、知人から託されたものと共に持参している。

このツアーは、自然保護の姿勢を若い世代に伝える企画の一環で、私たち30名余りも、地元の高校生と一緒に固有種スカレシアの苗木を植えることになっている。ピースボートからツアーリーダーとスペイン語通訳、それに現地に住む柴田さんが一緒だ。高校生側の人数は私たちより少ないが、皆真面目そう。はにかむ表情に親しみを覚える。

植林の場所は、細かい霧に濡れた繊細な木々の間を抜ける細い坂道を数分歩いた所。山の斜面で待つ男性が4人。その中の年長の一人が挨拶と説明をしてくれる。エクアドル政府はガラパゴス諸島全体の97%を国立公園に指定し、保護に乗り出しているが、資金不足もあり、計画通りに進んでいない。自分たちは森林の管理をしているが、広い面積をたった4人で担当しているので、外来種の木イチゴが繁るこの場所のように、すでに固有種が押しやられている地域では思うような成果が得られていない。将来を見据え、若い世代への環境教育に力を入れている。日本の人たちがこうして関心を持ち、継続的に支援してくれるのに感謝している……。言葉の意味は全部わからなくても、誠実な口調が伝わってくる。曇り空を背景にすっくりと立つ彼らが頼もしい。

その人たちが準備しておいたのだろう、ぬかるんだ地面はすでに半ば掘り起こしてある。そこに、私たちと高校生は2対1のグループになって、スカレシアの苗木を植える。私は、肌の浅黒いほっそりした男子生徒と一緒だ。澄んだ濃い色の瞳が印象的だ。将来は、自分の父親のように船長になって世界を見たいという。落ち着いた態度で黙々と必要な作業をしてくれる。一人数本ずつ苗を植え、その根元にプレートを置く。スカレシアの木は成長が早く、2、3年でしっかり根を張るそうだ。「その頃また来てください」高校生の言葉にその気になる。

その後、ゾウガメを保護している民間の農園に移動する。広い敷地に、こんもりした甲羅が1メートルほどもあるゾウガメがあちこちにいる。時期的にオスは海岸に出かけていて、残っているのはメスだけだという。ほとんどが草むらでじっとしているが、時々ゆっくりゆっくり移動したり、首を心もちもたげ、小さく口を動かして草を食べたり……。あまりに地味な動作に、管理している人に「こんなふうに長く生きて、何が楽しみなのかしら？」と尋ねてみた。その人はしばらく考えて「暖かい日差しを浴びると嬉しそうですよ」と答えてくれた。その姿を想像して急にゾウガメに親しみが湧いてきた。

その後は市街地にある高校の生徒たちが運営しているレストランで夕食だ。大陸から1000キロ離れたガラパゴスには、観光業と農業以外にほとんど仕事がない。そこで本土に行ってもすぐ仕事に就けるように、実践的な職業教育に重点を置いていると聞く。通りに面した庭に屋根を差し掛けただけのレストラン。料理を作るのも、サービスするのも皆生徒だが、洗練された西洋風の献立だった。

夕食後はその高校での交流会。100名ほど入る講堂のような部屋。歓迎の幕が張ってある舞台に向き合って並ぶパイプ椅子に座る。校長先生の挨拶の後、高校生のパフォーマンスが始まる。最初は、真っすぐな黒い髪の小柄な少女の歌。澄んだ声だ。歌詞はわからないが哀愁を帯びた旋律が心に沁みる。次に数人の生徒による「コンドルは飛んでいく」のギター演奏、アフリカ風のリズムを刻んだダンス音楽、と続く。私たちも立ち上がり、生徒たちと輪になって一緒に踊る。最後は舞台で、赤や黄色、青や緑のドレスをまとった数人の女子生徒の優雅なダンス。長い裾をつまんで広げると、色鮮やかな海、森、河、鳥などが目に飛び込んでくる。アンデス、アマゾン、アフリカなどからガラパゴスに移住してきた人々各々の故郷にちなんだ意匠なのだ。ガラパゴスの未来への願いをこめた旋律に合わせ、若い肉体が軽やかに、しなやかに舞う。

交流会の司会も務める柴田さんは、高校の先生方とも親しいらしく、長く言葉を交わしている。柴田さんの説明によると、この高校は民族融合のためのモデル校だそうだ。人間が定住するようになって200年足らず。人間が加わって新たな歴史を刻むことになった地で、異なる民族の人たち、さらには、人間、動物、植物が当たり前に一緒に生きていく、そんな生き方を目指した教育がなされているのが強く感じられた。

次の日の夕暮れ時、一人でホテル近くの通りを抜けてしばらく歩き、港近くの土産物店にぶらりと入る。40代と思われる内気そうな店番の男性が一人。「どこから来たのですか？」「日本から」「何日滞在するの？」「5泊です」。私の拙いスペイン語でそんな会話を交わし、何気なく「私たちのグループはシバタさんという日本人に案内してもらっているんです」と言ったとたん、その人は「オー、シバタ！　最近会ってないんだ。ちょっと待って」と急に生き生きした表情を見せ、紙切れにいそいそと何か書き始める。「これを渡してくれないか。ちょっとした挨拶だけど」。その人はきっとシバタさんが大好きなのだ。新潟の家の長男に生まれた柴田さんは、仕事でガラパゴスを訪れてから、この地に魅せられ、家のことを弟に託し、ガラパゴスに永住することを決めたという。「ガラパゴスには『ペリカン湾の水を飲んだら』という表現があるんですよ。その水を飲んだ人は必ずまた戻ってくるというのです」と教えてくれた柴田さんは、この地でやりたいこと、やらなければならないことをしっかり見据えているようだった。

ガラパゴスは、日本でよく揶揄的に語られるように、過去にだけ向いた閉ざされた空間ではない。これまでの人間が他の生物に与えた損害を償い、これから共に生きようとする未来に向けた試みの場でもある。私はガラパゴスにいる間、自分がすべての生命につながり、永遠の時の流れに溶け込んでいくような思いがずっとしていた。それは限りなく懐かしく、心安らぐ感覚だった。私もどうやら〈ペリカン湾の水〉をたっぷり飲んでしまったらしい。

13. 旅の途中

今回の船旅の最終寄港地メキシコのマンサニージョでハリケーンを避けるため3日停泊した後、10月15日、船はようやく港を出て、太平洋を横切ってひたすら横浜に向かって走る。船内ではこの旅の締めくくりとなる催しがいくつも行われている。ピースボート企画で参加している中国海洋大学の大学生（女性4名、男性2名）による発表会もその一つだ。私は、その学生の二人、ドリアとハルさん（これは愛称。彼らはなぜか皆各々自分が決めた名前をもっている）から「ぜひ参加して」と言われ、船で一番広いホールの、照明を落とした仄暗い真ん中あたりの席に座っていた。開始前の軽いざわめきに囲まれていると彼女たちとの日々が甦る。

7月中旬に横浜港を出て間もなく、昼食時、食堂のテーブルに着き同席の人たちと言葉を交わしていると、背のすらりと高い若い女性がボーイさんに導かれ、空いていた私の横の席に座る。「よろしくお願いします」という声のアクセントから日本人ではないようだ。横を見ると、先に、引率の先生と通訳の方と共に乗客皆に紹介された中国からの学生の一人だ。いつものように互いに簡単な自己紹介をする。「ドリアといいます。中国から来ました。大学で気象学を学んでいます」「日本語はどこで習ったの？」「船に乗る前に少し。もっと勉強したいです」「それじゃ、一緒に勉強しましょうか」「はい！　ぜひ！」

私は、言葉や言葉で表現する文化が好きで、退職後は週1回日本語を教えるボランティアをしているとはいえ、この旅ではそのつもりはなく、準備は何もしていない。持参したスケッチブックと色鉛筆でテキストを作ることにする。

初めてのレッスンにドリアが友人を連れてきた。小柄でほっそりした身体つき、切れ長の眼、日本の絣の着物が似合いそうな素朴な雰囲気のハルさんだ。初めのうちは6階の共有スペースでレッスンをしていたが、人が集まってきて集中できない。そこで、10階のデッキのプールに面したこぢんまりした学習スペースに移る。説明には主に英語、それに漢字を使う。二人は乗船前に日本語の基礎をしっかり学んでいたようだ。しかも毎回必ず復習をしてくるので、準備したテキストは後戻りすることなくどんどん進む。

レッスンの合間の話から、ドリアは歌がとても上手で、写真が好きなこと、日本語を学んでいる双子の妹は東京の大学への留学が決まっていること、ハルさんのお父さんは文学の教授で、年の離れた弟がいること、〈文化産業〉を専攻しているけれど、文化が〈産業〉になるのに違和感があること、私と映画の好みが似ていること、などがわかってくる。

航海中、二人は、自分たちの大学からパソコンで送られてくる通常授業と同じ課題をこなしながら、船内での中国語授業のアシスタント、環境問題のサークルの発表、中国文化紹介の催しや紅白歌合戦への出場などひっぱりだこで、大忙し。そんな中でも、自分たちもテキストを作って、私に中国語を教えてくれようとする。レッスンが夕方の時は、「和子さんの好きな夕陽を見に行きましょう」と気を配ってくれる。時折、急用で変更があると、必ず私の船室のドアにその旨を記したメモがはさんである。

ある時、私の都合でその日のレッスン中止を知らせに彼女たちの船室に行ってみた。主に船員の部屋がある船底に近い4階の狭い4人部屋だ。後になって「長い航海の間、あの部屋では大変でしょう」と言うと、「そうでもない、大学の寮は、各々11人部屋と8人部屋だから」と答える。実家には24時間以上かかるのでなかなか帰れない、とも。彼女たちの全力を尽くしての生活を知り、細やかな心遣いに触れるにつれ、私は深い尊敬の念を抱くようになった。

旅程も半ばを過ぎた頃、二人がいつにもまして真剣な顔つきで問いかけてくる。「和子さんは人を何で判断しますか?」「そうね、個人としての人格かな。人種や国籍、財産や肩書といったものではなく。人が生まれる前から持っている、自分ではどうしようもない条件では人を判断しないようにしているつもり」「そうですか……」「あなたたちにとっては何かしら?」二人は考え込んでいる。船内にも色々な人がいる。何かあったのかもしれない。

　そんなことを思い出しているうちに、準備が整い、発表会が始まった。華やかな赤いスーツを着た引率の40代の女性の先生による日中の歴史を踏まえた深い、重厚な挨拶。いつも私たちと同じ学習スペースでパソコンに向き合っていた政治学専攻の女子学生の「ピースボートはこうして平和を考えながら地球を巡っているというなら、どうして南京を訪れないのですか」という鋭い問いかけ……飾りのない真摯な内容の発表が続く。

　最後にドリアとハルさんの登場だ。正面のスクリーンに見慣れた絵が映し出される。私が作ったテキストの一つだ。通訳の人がドリアとハルさんが中国語で交互に話す内容を日本語に訳してくれる。「この船でいつも私たちを待っていてくれる女性がいました。私たちは、日本語を学びながら言葉以上に多くのことを学びました……」このサプライズに、思わず涙があふれてくる。私こそあんなに充実した時間をありがとう、自分を見つめ直す機会と未来への希望をもらったのは私の方なのに……。

　船を下りてしばらくして、中国で激しい反日運動が起こり、日本の自動車の破壊やデパートでの略奪がメディアでセンセーショナルに報じられた。ドリアとハルさんの大学のある青島市もその舞台の一つ。若い二人はどうしているだろう、案じていると、ドリアからe-mailが届いた。反日運動には何も触れず、二人の写真を添えて近況が綴られている。そして、近いうちに必ず日本に会いに行く、とも。
あれから、ドリアは5年間の奨学金を得て、北京大学の大学院で気象災害予防の研究をし、ハルさんは方向転換して、ロンドンの大学の修士課程で児童文学を学んでいる。各々二人らしい選択だ。二人が肩を寄せて屈託なく笑っている写真を見ていると、あの心地よい緊張に満ちたレッスンや、一緒に見た茜色に薄く染まる空と海の夕景がとても愛おしく思い出される。

２０１１年11月1日、北半球を回る１０４日間の船の旅が終わった。今度の旅では、限りのない時間と空間を、その中での生命の誕生の奇跡を、ここにあることとの不思議を、より鮮烈に感じることができた。生命はどこで生まれ、どこへ行くのか。自分は、この宇宙でしっかり立っているか。出会えた一つ一つの生命ときちんと向き合っているか。旅の終わりにはいつもそんなことを思う。〈旅〉では、日常の生活の中でひっそりと潜んでいるものが、くっきりと姿をみせてくる。そして、年齢を重ねるにつれ、〈日常〉も人生の旅の一場面で、二度と戻ることのない時間の積み重ねなのだ、旅に出かけなくてもいつも旅の途中なのだ、という思いが、深いところから湧いてきて、ひたひたと自分を浸していく。

第三章　再び南半球の旅（２０１４年11月22日～２０１５年３月５日）

1. これも文化？

２０１４年11月22日、私にとっては３度目の地球一周の船旅、南回りは２度目の船旅で、今日は神戸港からの出航だ。お昼過ぎ神戸港に停泊するオーシャンドリーム号に乗り込む。スタッフと並んで、横浜港からの乗客が出迎えてくれる。こうした旅に少しは慣れたとはいえ、船は毎回異なるし（いつも古い船で、乗ったと思ったら廃船になるのだ）、何よりも出会う人たちが違う。今度はどんな旅になるだろう。

オーシャンドリーム号は、エメラルドグリーンやオレンジ、黄色といった南の国々を連想させる明るい色彩が基調の内装だ。木々の間にオウムが止まる意匠の壁紙を張った狭い廊下をたどって指定の船室に入る。窓付きの部屋は今回が初めて。これで、部屋にいながら空と海の移り行く様がわかるだろう。

前もって宅配便で送っていた段ボール箱から当面必要なものだけ取り出して整理し、甲板に出てみる。晩秋の日は短い。神戸の街にはもう灯りが瞬き、背後の六甲の山並みが黒い影になって迫る。慣れた神戸もこうして海から見るとまた違う趣だ。１９９５年１月の阪神・淡路大震災の１カ月後、自宅近くから数時間歩いて訪れた時、傾いたビル、砕け落ちた窓ガラス、ゴーストタウンのようだったのを思い出す。再生、という言葉が浮かぶ。街にも生命があるのだ。出発の銅鑼が響き、船が桟橋を離れていく。さあ、新たな旅の始まりだ。

船は、最初の寄港地、コタキナバルを目指して南下する。コタキナバルは世界3番目に大きな島ボルネオ島の北西部にあり、マレーシアに属する。私は、数年前、ボルネオの自然を訪ねる旅をし、オランウータンやテングザルに会っているので、今回は〈コタキナバル観光と伝統文化体験〉半日ツアーに参加する。

28日早朝、船は、東南アジアの港らしく、こんもりした木々に覆われた山々に囲まれた港に着く。午前9時過ぎ、バスで港を出発。15分ほど走って市中に入る。コタキナバルは、元は木造の家々に注意を喚起する「火事だ！」という意味のアピーと呼ばれていたが、１８８１年からイギリス人が支配するようになってジェストンに、次いでマレーシアに組み入れられた１９６２年、キナバルの海岸、という意味のコタキナバル、という名になったという。現在は人口３３０万人のサバ州の州都として賑わっている。モスクや寺院、市場やスーパーマーケット、個人商店やショッピングセンター、マンションや個人住宅……。バスはモザイクのような街並みを過ぎ、やがて郊外へ出て緑濃い山道に入っていく。

バスは高い木々が覆い被さる未舗装の坂道をしばらく上り、木製の柵の門の前で止まる。かつてこの近辺に住んでいた人々の生活跡を残すために作られた〈マリマリ文化村〉だ。私たちは20人ほどの数グループに分かれる。各々に現地の若い男性の英語ガイドと、それを日本語に訳すスタッフがついてくれる。門の内と外では、頭に羽根の飾り、腰にカラフルな布を巻いた半裸の若い男たちが数人、観光客を迎えようと待ち受けている。艶のある褐色の肌、縮れた髪の毛、迫力十分だ。

谷川にかけられた吊り橋を渡りきると、木々の合間に高床式の建物が数棟建っているのが目に入る。集落の手前で、ガイドが、幹に頭蓋骨が飾られている大きな木の前で止まり、説明を始めたが、あまり英語が得意ではないのか、すぐに終わる。なぜそこに頭蓋骨があるのか、いつの時代のものか、辺りの案内の看板にも詳しい説明は何も書かれていない。

高床式の家に数段の急な階段を上って入る。20畳ほどの長方形の空間だ。屋根はニッパヤシで葺かれ、壁も床も透けて外が見える。窓のある側には生活用品が置かれている。もう片側は各々約2メートル幅に区切られ、通路とは筵《むしろ》で隔てられた数部屋が並び、昔（正確な説明はない）の生活様式が再現されている。家具などは大雑把な印象だが、その中にビーズ刺繍が施された赤ん坊のオンブ紐があり、その際立つ繊細さと美しさに惹きつけられる。当時貴重だったろう材料とかかった手間を考えると、時代や空間を隔てても親が子どもを慈しむ気持ちは変わらないのだなあ、と、作った人の思いに自分を重ねてみる。

次に入った建物は個人の住宅だ。やはり高床式で、8畳ほどの部屋と、その片隅に据えられた垂直の梯子で出入りするロフト風の小部屋がある。そこは年頃になった娘の部屋で、娘が夜出かけないように、父親が梯子の下で眠ったという。女性の性の管理は厳しそうだ。当時の結婚制度についてガイドに尋ねると、一夫多妻制で、妻は各々別の棟に住んでいた、と簡単な答えだ。それでは、複数の妻が産んだ娘を全員、一人の父親が管理していたのだろうか。質問は湧いてくるが、それ以上の答えは望めそうもない。

次の建物は集会所。高い床の中央に一辺3メートルほどの四角い穴があり、そこに竹で編んだ円いトランポリンのようなものが嵌め込んである。若者たちがそれを使って飛び上がり、天井から吊るした的に届くようジャンプを競ったという。「あれが的です」、指差された先に視線を向けると、天井から吊るされた頭蓋骨。周りを見回すと、壁にかけられたいくつかの蓑《みの》の間からも頭蓋骨が覗いている。

装飾として扱われているかのような頭蓋骨に居心地が悪くなってきた私はまたガイドに尋ねてみた。「あの頭蓋骨は何なのですか?」と。すると「男は嫁を娶るのに自分の勇気を示そうと敵の首を集めるのです」との答えだ。それでは、当時の若い女性は狩られた首を見て喜び、その数の多い男性に魅力を感じたのだろうか。だがそもそも、当時、女性に結婚相手を選択する自由はあったのだろうか。知りたいことは沢山あるが、説明はそこまで。ガイドは〈首狩り〉

の歴史を知らないのか、あるいは詳しく語りたくないのか。残念だ。

その後、ガイドに導かれ、吹き矢を試したり、美しく装った若い女性が油で揚げてくれた煎餅を試食したりする体験型遊園地のような仕掛けを試す。最後は舞台のある広い集会所。甘いジュースを飲みながら、伝統楽器の伴奏で、青年たちの勇壮な、あるいは娘たちの華やかなダンスを見る。観光客も舞台に上がり、賑やかなフィナーレだ。

〈首狩り〉という行為、そして、その具体的な痕跡である頭蓋骨が、あんなにもあっけらかんと文化村の展示物の中心として扱われている。なんだか納得がいかず、帰国してから『人喰いの社会史』（弘末雅士、山川出版社、２０１４）を読んでみた。ボルネオ近くのスマトラ島のトバ・バタック人の首狩り習俗や食人行為の例をあげ、人喰いの語りがどのような状況で創られたかを詳細に論じた新刊本だ。その中に「17世紀の終わり、ボルネオ島付近を訪れたイギリス人、Ａ・ハミルトンが『交易に携わる中国人が食人風聞に悩まされた』と伝えていた」という記述を見つけた。「風聞」ということは、事実ではなく単なる噂ということか。

さらに、前近代のトバ・バタック人にとって、〈食人〉は、社会秩序を乱す姦通者、重大な犯罪者、戦争捕虜を処刑するものとしての儀礼的行為だった、とある。そして同時に、現地人が食人について語る、時に誇張して語るのは、外来者が病気を持ち込んだり、奴隷狩りのために侵入してくるのを防ぐためでもあった、と。また、東南アジアの食人行為を伝えたヨーロッパ人の目撃例は少なく、現地人の残忍性を強調し、自らの侵略行為を正当化するために誇張して伝えたことも否定できない、と。

おそらく、東南アジア、そしてボルネオでも首狩りや食人風習は実際にあったのだろう。だが、語る人の立場によって誇張されたり、時にはでっち上げられたこともあったのではないか。いずれにしても、今となっては正確な実態を知ることは難しそうだ。

だが、首狩りという行為は、東南アジアという限定された区域だけの、しかも過ぎ去った時代の行為だった、と切り捨てることはできないだろう。

今回の航海の途中、中東で日本人二人が捕らえられ、国内外での解放要求にもかかわらず首を切り落とされて殺害される、という衝撃的な事件を同時進行で知ることになった。この数年、日本人だけでなく各国の人質が殺され、〈イスラム国戦士〉を標榜する黒い頭巾を被った人物が〈背教者〉の切断された首を高々と掲げてみせる映像が、インターネットという極めて現代的な媒体によって世界中に拡散されている。しかもイスラム国の男性に嫁ごうと、国境を越えて駆けつける西洋諸国の女性がいるとも伝えられる。現代におけるこのような行為と、ボルネオやスマトラでの首狩りとの違い、首狩りを行う男たちに惹かれる女たちの違いはあるのだろうか。

さらに〈首狩り〉という殺人方法は直接的であるが故に衝撃を与え、残忍さを印象づける。

だが、毒ガスや核兵器など責任者が直接に手を下さない大量殺人と、首狩りのような行為者が明確な殺人とどちらが野蛮だろう。

ボルネオでは〈首狩り〉が文化村の展示物になっている。私は以前、ローマやパリのカタコンベ（初期キリスト教徒の地下墓所）など、頭蓋を含む人骨が並ぶ場所を訪れたことがある。だが、そこには、その人骨が宗教的な殉教者のものと位置づけられているせいか、何らかの追悼の思いが感じられた。一方〈マリマリ文化村〉では頭蓋骨は観光客向けのあっけらかんとした展示でしかなかった。

いつか時を経て、現代の〈イスラム国戦士〉の殺害も、テクノロジーを駆使した大量殺人行為の痕跡も〈文化〉として扱われる時が来るのかもしれない。それならば、私たちは今、昔のような首狩りという方法に併せて、核兵器やハイテクを駆使した武器まで多種多様な殺戮方法が共存するなんともおぞましい文化の中に生きていることになる。この時代をどう生きたらよいのか、私には答えの見つからない問いばかりだ。

2. 住むにはいいところ

ボルネオ島を離れ、シンガポールに寄港した後、多くの船が行き交うマラッカ海峡を抜け、インド洋を東から西へ横切って進む。貿易風の季節には荒れるというインド洋もこの時期は比較的穏やかだ。

12月11日、モーリシャス島のポートルイスに寄港する。バスで舗装された道路を走り、昔ながらの塩田や、色鮮やかな花々が咲き乱れる高地にあるラム酒工場などを訪れる。想像以上に西洋化されたリゾート地といった印象の島だ。その後アフリカ大陸の東に位置するマダガスカル島に向かう。

マダガスカル島は世界で4番目に広い島だ。58万7千平方キロの国土に、各々異なる文化を持つ18の民族、約１９７０万人が住んでいる。１８９６年から１９６０年までフランスの植民地だったので、公用語はマダガスカル語とフランス語。残念ながら私はマダガスカル語がわからないので、フランス語で土地の人と話ができたらいいな、と願っていた。

船内では、シンガポールから乗船したマダガスカルのＮＧＯ「アザファディ」のコーディネーター、ツィナ・エンドールさんのレクチャーやワークショップが行われている。

マダガスカルは、日本では、バオバブの木やアイアイ、キツネザル、カメレオンといった野生動物に代表される特徴的な自然がよく知られている。だが、いつも身体に合った鮮やかな色のスーツを着こなした40代と思われる女性のツィナさんは、マダガスカルの抱える様々な社会問題について英語で語ってくれた。

マダガスカルは、人口の90%が一日2ドル以下で暮らす世界の最貧国の一つであること。主に焼き畑農業のせいでこの20年間で約90%消失した森を取り戻すための植樹活動が行われつつあること。5人中2人の子どもが5歳以下で亡くなっている現状。財産は主にセブ牛で、婚姻に際してもセブ牛がやりとりされること、内陸部では女の子は9歳になると家を出され、小屋に一人住み、面倒を見てくれる男性を待つという風習……。特に最後の幼児婚（結婚とも言えないが）は私も知らなかった事実で衝撃的だった。もちろん法律では禁止されているだろう、この女子への過酷な風習を政府は放置しているのだろうか。

次々に社会的な問題点を鋭く挙げていくツィナさんだが、何に関しても政府にはまったく期待していないようだ。母親がどこかの市長だという彼女が、政治に無関心のはずはないし、マダガスカルが共和国と銘打っているからには選挙もあるだろう。だが、ツィナさんは「政治家は自分の利害しか考えていない。誰が選ばれても何も変わらない。だから私たちの団体は政治とは距離を置いて活動しています。私は20歳から選挙には一度も行っていません」強い口調でそう言い切る。さらに男性不信も深刻だ。「ほとんどの男性は女性の立場について考えようとしません。私も離婚しています」。どうしようもない、といった突き放した口調だ。

出発前、私の親しいカトリックのシスターから、「私の属する女子フランシスコ修道会のシスターが二人、マダガスカルで助産婦として活動しているので、もしわかればその様子を見てきてくれませんか」と、住所と名前を渡されていた。そのシスターの活動は、日本のテレビのドキュメンタリー番組で取り上げられ、私も観たことがある。会えなくても消息ぐらいはわかるだろう、と引き受けた。だが、マダガスカルは島といっても日本全土をあわせたより広く、通信網は発達していない。消息を知るすべがない。二人とその活動について知っているかツィナさんに尋ねてみたが、「多くの修道女の方たちが奉仕活動をしてくれているのは知っていますが、そのお二人のことは特にわかりません」との答えだ。「宗主国だったフランスからもたらされた宗教に、反発のような気持ちはありますか？」「いいえ、どんな立場の人たちとでも、できるところとは協力したいと思っています」。世界の潮流から取り残されたような島で、懸命に力を尽くす修道女の方々の生活に思いを馳せるが、探すのは諦めざるをえない。

12月13日早朝、船がマダガスカル島の東側にある港トアマシナに入る。私は、その日は、島の西側のバオバブ街道として知られるムルンダヴァを訪れる日帰りツアーに参加予定だ。

8時過ぎ、車種の揃わないミニバスに分乗して港を出発する。10人が詰めて座るとまったく身動きができない。窓から舗装された道路の右側に港、左側に植民地時代の石造りの建物が見える。それもすぐ通り過ぎ、両側に屋台より少し大きい店が縦横に並ぶ通りに入る。食べ物、衣類、道具類、その間に“Salon de Coiffeur”という看板を掲げた店が目立つ。フランス語で、理髪店、美容院の意味だ。おしゃれに関心が高いのかも、と少し嬉しくなる。粗末だがそれなりに賑わう界隈も過ぎ、15分ほどしてバスは二階建ての建物の前で止まる。裏には小学校の運動場のような空地があり、端の方に小型機が2機止まっている。それが空港だ。

バスを降り、簡単な搭乗手続きをすませて待合室のある2階に上がる。入り口にカウンター式の小さなバーがあるが、三方が大きく開いた、コンクリートの床に屋根だけのスペースだ。10ほどのテーブルとそれらを囲むパイプ椅子に旅行客が数人所在なさげに座っている。入り口に立つ黒人の男性二人に“Bonjour!”と挨拶し、友人と隅の椅子に腰を掛ける。空港を囲む草原とところどころにある木々の茂みが目に入る。

その時、入り口にいた50歳前後と思われる空港職員の制服姿の男性が近づいてきて、エドウインと名乗り「フランス語を話すのですか。私は外国の方と話して、外のことを知るのが好きなのです」と言う。落ち着いた物腰、フランスを訪れたことはないというが訛りのないフランス語で丁寧な口調だ。5分ほど会話を交わした後「マダガスカルはどんなところですか」と尋ねてみた。「住むにはいいところですよ。緑は多いし、快い風は吹くし。ただお金が回らないのだけが問題ですが」。そういえば、この殺風景な待合室にも戸外と同じ心地よい風が吹いている。エドウィンさんは、同僚に用事だと呼ばれ、名残惜しそうに振り返りながら去っていった。

出発時間が近づいているのに、飛行場にはまだ私たちが乗るような飛行機は見当たらない。遅延かと思っていたら、100人乗り程度の飛行機がどこからともなく飛んできて、ヒョイと着陸。すぐに、搭乗の合図が口頭で伝えられる。機体の点検をする様子もなく、私たちが乗り込むやいなや離陸。なんともフットワークが軽い。

1時間余りでムルンダヴァの空港に着く。平屋の建物で、数店の小さな土産物店がある木製のロビーは私たちだけで満員だ。思い思いに腰を掛け、配られた紙箱を開ける。チキンフライ2個、ポテトフライ、それとパンがゴロンと入っている。

昼食をとった後、正午の白っぽく燃える空気の中、ミニバスでバオバブ街道に向かう。乾季の終わりで、まばらな植物はどれも乾いた薄茶色。ところどころに散らばる集落の家々は細い木の枠組み、屋根や壁は植物の茎や葉で葺いただけの薄いもの。人影は少なく、物を売る店は見当たらない。

草原の真ん中でバスを降りる。深く濃い蒼い空、雲はない。一筋の赤土の道がどこまでも延びる。その両側に、白っぽいすべすべした太い幹の先に小さな葉をまばらにつけた枝を横に広げたバオバブの木々が間隔をあけて聳え立つ。視線を巡らすと、街道の周囲には乾いた薄茶色の草原が漠と広がり、ところどころにバオバブが大小のシルエットになって浮かんでいる。光と影の鮮烈なコントラスト。いつからこんな風景なのだろう。私の中で時が止まる。

近くのバオバブの大木の陰に、10歳くらいの少年が腰を下ろし、草を食むヤギの群れの番をしている。その傍らを、2頭の牛に引かせた荷車が、家族だろう、子どもを交えた数人を乗せて通り過ぎていく。引っ越しなのか、荷台の褪せた赤い色が次第に遠ざかる。この一本道をどこまで行くのだろう。そのまま永遠の静けさの中に吸い込まれていくようだ。

私が中学1年の頃から日本語版、英語版、フランス語版と幾度となく読んだ『星の王子さま』(1943)には、バオバブは王子の小さな星を破壊しかねない獰猛な植物として登場する。フランスに生まれ、パイロットでもあった著者サン-テグジュペリは、アフリカに駐在したことがある。彼には、バオバブは秩序を破壊する猛々しい存在に思えたのだろうか。だが、厳しい風土に耐えてきた、そのどっしりした存在感、品格ある佇まいに、私は畏敬の念を覚えずにはいられなかった。

街道の入り口付近に、10軒ほどの屋台が並んでいる。売っているのは主に木製の大小のバオバブの置物。どれもほぼ同じデザイン。値段を尋ねると、大きさによって1ドル、2ドル、3ドル……。おおざっぱな答えが返ってくる。現地通貨アリアリで買おうとすると、お釣りがない、と断られる。そう言われれば、船内で少しだけ換金したアリアリ紙幣はどれも新札のようにきれいだ。この辺りの日常の生活では現金で買い物をすることはあまりないのかもしれない。屋台を並べている人たちのフランス語や英語は、観光客に物を売るためだけの最小限のボキャブラリーだ。私にはその人たちとコミニニケーションの手段がない。残念だ。

一緒にいた友人が、土地の人たちに一方的に写真を撮らせてもらうのは申し訳ないと、インスタントカメラを持参していた。屋台の周りで遊ぶ6、7歳の男の子に許可を得てレンズを向けると、みるみる10人ほどの子どもたちが集まってきて、顔いっぱいの笑顔でカメラに近づいてくる。男の子は色の褪せたTシャツ、半ズボン、女の子は赤やピンクだったろう、埃で白茶けたワンピース、皆裸足だ。インスタントカメラから自分たちの姿が写真になって出てくると大騒ぎ。我も我もと取り合いが始まり、中には深刻な争いも生まれてしまった。フィルムの枚数に限りがあるので皆にあげることもできず、早々にその場を離れたが、悪いことをしてしまったかも、と友人は反省しきりだった。それにしてもあの子どもたちは学校へ通っているのだろうか。あの女の子たちも9歳になると家を出されるのだろうか。ツィナさんに聞いた話が気にかかる。

帰りの飛行機を待つムルンダヴァの飛行場で、ガイドの一人がフランス語で話しかけてきた。40歳ぐらいの小太りの陽気な男性だ。「またぜひ来て欲しい。これが連絡先です」渡されたイラスト入りの名刺には、フランス語で〈エコツーリズムのガイド、フランソワ〉と印刷されている。住所は〈ムルンダヴァ49〉とだけ。シンプルだ。マダガスカルでは、空港や観光ガイドなど、英語やフランス語を操り、外国の人と接する職業はきっとエリートなのだろう。トアマシナの空港で会ったエドウインさん同様、フランソワさんも堂々とした振る舞いだった。

バオバブ街道から戻った次の日、トアマシナの港からイヴルイナ動物保護公園を訪ねるためにミニバスで通った道はでこぼこの泥道。道に沿って並ぶ家々は、屋根も壁も木の葉と枝を組んだだけ。広さは1畳もなく、屋根が低く、背を二つに折らないと入れない。2年ごとに建て替えると聞いたが、その間でも激しい風雨にあえばひとたまりもないだろう。エドウインさんの「お金が回らない」という言葉が実感として迫ってくる。

私には首都のアンタナナリボを訪れる機会はなかったが、ムルンダヴァやトアマシナは確かに貧しい。というか、日本の都会と比べるとほとんど何もない、と言う人がいるかもしれない。同じ地球でどうしてこんなに違うのだろう、と考えていると、突然、私たちのミニバスがマジックのようにあふれ出た人の声と色彩に囲まれた。日曜日のカトリック教会のミサから帰る人たちと出くわしたのだ。女性が多い。大人も子どもも色とりどりのワンピースやシャツで着飾り、明るい表情でおしゃべりしたりふざけあったり、屈託なく楽しそうだ。「住むにはいいところ」そう言っていたエドウインさんの言葉がまた甦ってくる。

船がトアマシナを離れた翌日から2、3日、船内は、下痢に悩まされているという話題で盛り上がった。私も例外ではない。港近くの観光客用レストランでとった昼食か、道端の屋台で飲んだヤシの実のジュースか、空港で食べたお弁当か、原因は定かではない。

そんなことはあっても、またあの遠く離れた島を訪れたい。マダガスカルが抱える問題をもっと知るために。土地の人ともっと話をするために。それにもまして、バオバブの木陰で蒼い空を見上げ、風に吹かれ、生命の源をより近くに感じるために。

3. 答えはカメムシ

船はマダガスカルを離れ、アフリカ大陸に近づく。2008年2月、初めての南回りの船旅で、ジンバブエのサファリで出会ったゾウ使いの青年から聞いた「食べるものが足りない」という言葉が思い出されてくる。あの時の青年はどうしているのだろう、知るすべはないが。

今回、モザンビークに向かう船内では、元大手新聞の記者で、長い間アフリカに滞在し、数々のルポルタージュを発表してきたジャーナリスト、Mさんのレクチャーが始まった。第一回のタイトルは〈カメムシのおいしい調理法〉。その題名に惹かれ、講座に参加する。

英国統治下でローデシアと呼ばれた地域は、１９８０年、英国から独立し、ジンバブエ共和国となった。独立へのゲリラ活動を担ってきたジンバブエ・アフリカ民族戦線（ＺＡＮＵ）の指導者だったロバート・ムガベ（１９２４〜）が首相に、87年には大統領に就任する。当時は農業と鉱物資源を軸にアフリカ諸国の中では比較的安定した財政状況だったというが、政権が長期化した90年代半ばからムガベ政権腐敗の噂が広まり、国民の不満が高まっていく。その矛先を避けるためか、政府は白人への憎しみをあおる政策をとり、元ゲリラに指示して、白人農場を占拠させる。だが彼らには農場経営のノウハウがない。その結果、主産業の農業は荒廃し、物価の高騰が始まる。そこに欧米からの経済制裁も加わり、ついには経済が崩壊してしまう。その事態に中央銀行が紙幣を乱発、２００８年にはインフレ率が16万％にまで達する。09年からは米ドルや南アフリカの通貨ランドが国内通貨として流通。現在、市民生活ではジンバブエドルはほとんど使われなくなり、１００兆ジンバブエドル札などが外国人観光客用のお土産として売られている、という。

どの数字も、数字の背景にある人々の生活も想像を超える。私がゾウサファリを楽しんでいた時、ジンバブエはこのようなスーパーインフレに翻弄されていたのだ。同じ頃、ジンバブエの地方を訪ねていたＭさんに、地元の人たちが教えたのが〈カメムシの調理法〉だったというわけだ。

日本に戻った私が、ジンバブエのインフレを知って「あのゾウ使いの青年は何を食べているのだろう」と思った答えの一つがカメムシだった。広大なサファリ公園で、ゾウの背に揺られ、早朝の爽やかな空気を心地よく受けながら「こんなに静かなアフリカが大好き」と言っていた私、テントの下に用意された焼き立てのパン、バターやジャム、香り高い紅茶やコーヒーの朝食を頬張る私を、サファリで働く人たちはどう思っていただろう。「知らなかった」という言い訳が通じるだろうか、恥ずかしさで身体が熱くなる。

さらに、Mさんは、アフリカ大陸にそのような事態を招いた主な原因は、欧米列強による植民地化にある、と言う。自然条件や部族関係を無視して、自分たちの都合で分割してしまった地図上の直線的な国境。その結果、一つの〈国家〉に異なる部族が区分けされ、現在に続く争いの要因になっている。しかも、欧米諸国にロシア（ソ連）も加わって武器を売り、争いを助長している、と。ソ連時代に生まれた〈使いやすい〉カラシニコフ銃はその代表的なものだ。もちろん、アフリカの側にも新興諸国にありがちな問題は多くある。部族の枠を超えられない国家、未熟な民主主義、深刻な汚職の蔓延……解決は容易ではない、と。

12月17日早朝、モザンビークの港マプトに着く。今回、私は、そこから隣国南アフリカにあるクルーガー国立公園でのサファリに行くことにしていた。港から乗り込んだ大型バスの窓に顔を寄せ、外を眺める。ぬかるんだ黒い土、小さなビル、ペンキの褪せた板張りの建物などが混ざり合って建つ。仕事をする人、買い物をする人、腰を下ろしてボンヤリしている人、雑然とした印象だ。

街を出て、畑の中の舗装道を走る。しばらくすると、前方に車が長く列をなしているのが目に入る。国境に近づいたのだ。私たちのバスに乗っているスタッフが、携帯電話でしきりに連絡を取っている。出国、入国の手続きがスムーズに行われるよう、先に派遣した人から情報を得ているらしい。クリスマス休暇で、モザンビークから南アに向かう人たちで混み合い、順番を待っていてはいつになるかわからないので、手続きが早くすむ方法を探っている、との説明がある。なかなか大変そうだ。

バスは車列につかず、ハンドルを右にきり、でこぼこの坂を斜めになりながらそろりそろり下りていき、しばらく行きつ戻りつしてからドスンと止まる。どうやらそこは税関への近道で、しばらく待機するようだ。

窓から外を見る。左側は崖で、崖の上は税関に続く舗装道路だ。その崖を背に、屋根を差し掛けただけの小屋があり、その前に置かれたパイプ椅子に、数名の男性が脚を投げ出してふんぞり返るように座っている。タバコを吸ったり、話し込んだり。皆、紺の制服らしきものを着ているし、銃が壁に立て掛けられたり、地べたに置かれたりしているのを見ると、警官か、役人か。いずれにしろ治安を担当しているのだろうが、周囲に気を配るでもなく、緊張感はまったく感じられない。足元には散乱したゴミ。こうしている間にちょっと掃除でもすればいいのに、と少し苛立つ。

右側は、広場になっていて、税関通過を待つ人のためか、コーラや色の濃い清涼飲料、バナナなどを載せた台がいくつか並んでいる。周囲には、地べたに座り込んだり、手持ちの腰掛けに座って、何かを食べたり飲んだりしている人、おしゃべりしている人、何もせずじっとしている人、数十人はいるだろう。ここも、ペットボトルをはじめ、ゴミが地べたを覆っている。

その中で、低いコンクリートブロックに腰を掛けた若い女性の後ろ姿が目に留まる。頭を包む鮮やかな黄色の布、ずっしりした腰にまとった緑色の巻きスカート。普段は許可を得ずに人の写真は撮らない私だが、その存在感に惹かれ、思わずカメラを向けてしまった。すると、その気配に気づいたかのようにくるりと上半身をかえした女性と、カメラを構えかけた私と目が合ってしまった。思わずカメラを下げた私に彼女は射るような視線を浴びせ、アッカンベーをし、またくるりと背を向けてしまった。

カメラなど生涯持つことはないかもしれず、ただ被写体であるしかない人の心情を無視してしまった私に観光客としての傲《おご》りはなかっただろうか。アフリカの事情に関心を持たないわけではなく、時折ささやかな寄付をするけれど、それでアフリカの現実が変わるわけでもない。ただ見ているだけの私。当事者でないことへの後ろめたさがじわじわと全身を浸していく。

ようやくバスが動き出す。税関の建物の近くで下車。外でしばらく待って、やっと中に入る。高い天井、ガラス窓は広くて中は明るい。2列に並んだ窓口は20ほどある。ところが係員の数はまばら。手続きのできる窓口は数カ所だけ。各々に長い行列。現地の人に私たちも加わって、身動きもままならない。気分が悪くなって列を離れる人もいる。この時期、混み合うことがわかっているなら人員の配置を考えておけばいいのに、どうしてこんなことになるのか、先ほどのゴミの散らかった広場の光景と共に納得がいかない。

マプト上陸前日の朝、食堂で、偶然Mさんと同じテーブルになった。翌日、私は参加ツアーの都合で船を下りるのでMさんの最終講座を聴くことができない。ぜひ尋ねておきたいことがあり、思いきって声をかけた。「アフリカの現状を解決するには、かつての部族社会に戻るしかないのでしょうか?」「まさにそれが最終講義で話そうと思っていたことです」ダンディーなMさんは、即座に丁寧な言葉を返してくれる。「いまさら部族社会に戻ることはできないでしょう。実は僕は、アフリカでサツマイモを干しイモにする農場を作ったのです。退職金をつぎこんでね。今のアフリカでは、何かを作り、それが結果として報われる、という経験をすることが大事だと考えたからです。ただ一方的な援助をするだけなのはむしろ害になるかもしれません」。

私は、娘が生まれた時、途上国の子どもの教育を支援するNGOのグループに登録した。高齢出産だった私は、一人っ子になるだろう娘に、世界のどこかに姉妹のような存在があったらいいな、と考えたのだ。それから延べ5人の女の子と関わった。パキスタン、ケニア、セネガル、ギアナ、そして今はブルキナファソ。地域が豊かになり援助が不要になったケースもあれば、政情が不安定で行方不明になった子どももいる。また、ある子どもの父親が第二夫人を娶った、と知って、援助を続けるのがよいのか迷ったこともある。たまに簡単な便りを交換することもあるが、ほぼ月々の金銭的な支援だけのつながりだ。よかれと思って30年余り続けてきた私の行為は間違っているのかもしれない。その思いをMさんに告げたが、困ったような表情を浮かべたMさんからの返事はなかった。

アフリカ大陸を離れてから船内でMさんの本の一冊を読んでみる。最終章に、日本人がアフリカで立ち上げ、現地の人々と共に成功した事業の例が具体的に示されている。ケニアでのマカダミアナッツの栽培と加工、ウガンダでのシャツメーカーやカキ養殖……いずれも、現場での規律を大切に、無断欠勤や遅刻に対しては厳しくする一方、給料の支払いといった約束は必ず守るなど、基本的なことの積み上げが大切だと記されていた。自分たちの労働が結果として報われる体験をした人たちは、どんどん意欲的になっていくという。そんな試みが増えていき、それを国際社会が応援する、というシステムができれば、と願う。

私たちを生きる実感で包み、生命の在り方を否が応でも突きつけてくるアフリカが、その魅力を失わずに新しい時代を牽引していく存在になるには何が必要なのか。自分は傍観者でない、と言い切れるにはどうすればいいのか。また宿題が増えた。

4．痛みを力に

12月23日、ケープタウンに着く。その日は喜望峰自然保護区でトレッキングを楽しむ。翌日はナミブ砂漠に向かい、赤い砂漠の中のホテルでクリスマスを過ごした後、船はアフリカを離れ、大西洋を横切って南米大陸へ。1月4日ブラジルのリオデジャネイロに寄港。1月9日、ラプラタ河からの茶色い水で濁ったアルゼンチンのブエノスアイレスの港に入る。

私は、ここで〈「五月広場のおばあちゃんたち」の歴史を学ぶ〉というツアーに参加する。「アルゼンチンの軍政時代の重い歴史を検証する」という紹介文のせいか、参加者は比較的少数の25名。それにツアーリーダーとして沖縄出身のNさん、通訳として、日本語、英語、スペイン語を流暢に話すエリカさんがついてくれる。二人とも溌刺とした頼もしい若い女性だ。

9時45分、港で待つバスに乗り、ブエノスアイレスの街を旧海軍学校へと向かう。窓には重厚な石造りの建物と、歩道に深い影を落とす街路樹が映る。7年前訪れた時と同様、美しい街だ、と思う。

バスの中での説明によると、１４９２年のコロンブスのアメリカ到達以後、ブラジルを除く南米大陸の大部分はスペイン王国に支配されていく。その間「よい風」を意味するブエノスアイレスと名付けられた港は、ヨーロッパ、アフリカ、南米を結ぶ三角貿易の拠点として栄えるが、19世紀初頭に南米全土に興った独立戦争を経て、１８１６年に生まれたアルゼンチンという国の首都となる。建国当時からすでに白人が大多数を占める国だったという。窓から見えるヨーロッパ風の整った街並みはその時代の名残なのだ。

バスで40分ほど走って着いた旧海軍学校は郊外の閑静な地区にある。高い木立に囲まれ、奥は見通せない広い敷地に、白い壁の二階建ての堂々とした建物が重なるように建っている。鉄製の門の前の階段に、40歳前後の落ち着いた印象の男性が待っていてくれた。ガイドのニコラスさん、と紹介がある。

ニコラスさんが静かに話し始める。この施設は１９２８年に海軍の教育施設として造られた。１９７６年、ペロン大統領―その妻は映画にもなったエビータだ―を中心とした左派政権が軍事クーデターによって倒される。その時生まれた軍事政権は、１９８２年のフォークランド紛争（アルゼンチン側の呼び名ではマルビナス戦争）でイギリスに敗北した翌年の１９８３年まで続く。その間、民主化を求める動きはことごとく暴力的に潰され、国中で約３万人の市民活動家が政府によって違法に誘拐、殺害されたという。数少ない生存者の証言によると、麻酔注射で眠らされ、飛行機から海に突き落とされた人たちも多いそうだ。当時は知られていなかったその蛮行は今では“vuelo de muerto”（死の飛行）と呼ばれ、長い年月の後、ようやく公に語られるようになってきた。この旧海軍学校でも、軍人を育成する教育の一方、密かに反政府と思われる人たちの監禁、尋問、拷問が行われ、その数およそ5000人。そのうち生存者は200人。それ以外は未だに遺体が見つからない行方不明者だという。

国内では10年前にようやく明らかになってきたこの事実について、私は、以前日本で公開された映画で概要は知っていた。だが、いざその場に立って具体的な話を聞くと緊張感が襲ってくる。

なかでも衝撃的だったのは、妊娠した女性の場合だ。出産後、本人は何らかの方法で処刑され、生まれた子どもは体制側の家庭に実子として譲り渡された例が少なくない、というのだ。犠牲になった親世代が、死亡あるいは行方不明なので、その前の世代、すなわち祖母たちが孫たちの消息を知りたいと行動を起こした。その人たちを〈五月広場のおばあちゃんたち〉と呼ぶのだ。

案内に従って構内を歩いていくと、壁や掲示板を埋め尽くすように、ここで犠牲になった若い男女の写真が貼られている。一体何人になるのか。どれも知性と活力にあふれた表情にみえる。"Queridos Hijos"（愛しい息子、娘たち）と大きく記された記念碑もある。

ニコラスさんによると、このような事態を引き起こしたビデラ政権はアルゼンチン建国以来7度目の軍事独裁政権だったが、なかでも最も暴力的な政権であったという。なぜそれほど暴力的な政権になったのか、ニコラスさんが説明を続ける。1970年代、アルゼンチンでは地主、企業主、教会が権力を握っていた。学生や労働者が社会の不平等に異を唱え、声をあげたが、キューバ革命が波及するのを恐れた権力層は、市民運動を抑圧する道を選び、最も活動的な人たちを徹底的に弾圧する道をとったのだ。それも密かに、だ。「国家テロリズムというべきものです」ニコラスさんの抑制された口調ゆえ、さらに一層事実の重さが迫ってくる。

植民地の問題に関心のある私は、その時期先住民はどのような立場をとっていたのか尋ねてみた。すると、当時、先住民は市街地にはほとんど住んでおらず、このような状況には関与していなかった、という答えだった。歴史に関与する機会すら奪われてしまった先住民、それはそれでまた別の視点から考えなければならない問題だろう。

この旧海軍学校は、現在は美術や演劇の学校になっていて、とりわけ子どもたちに人権を教える演劇に力を入れているという。私の7年前の最初の航海で、チリのバルパライソで出会った精神分析学を学ぶアンドレスが、子どもたちに演劇を教えることになった、とメールで知らせてきたのを思い出す。南米では、演劇を通しての啓蒙活動が広く行われているのだろう。

その後、施設の地図と“Claves para entender los justices”（正義を理解するための鍵）と題した小冊子をもらい、バスで五月広場へと向かう。

五月広場は、ブエノスアイレスの中心部、大統領府の前にあり、政府機関の建物が威圧するように取り囲んでいる。中心に高い記念塔が立ち、広場に敷かれた薄い朱色の石には白い模様がいくつも描かれている。近づいてみると図案化されたスカーフだ。自由に物を言うことを禁じられていたあの時代、消息を絶った息子や娘、そして出生さえ不明の孫たちを案じ、母親や祖母たちは白いスカーフを身に着け、ただ黙々とこの広場を歩いたという。その姿を当時の権力者はあの頑丈な建物の窓から見下ろしていたのだろうか。

次に、市民運動の拠点となったバウエンホテルへと向かう。がっしりした木の内装のホテル内のレストランで、半分も食べきれないビッグサイズのステーキのランチをとった後、別室に移動する。細長い机の前に女性3名、男性2名が座っている。その中の一人の女性、エバ・ガブリエルさんが話し始める。

バウエンホテルは軍事政権関係者の所有だったが、経済が傾き始めた2000年頃、突然閉鎖が通告された。そこで従業員は結束して組合を作り、2003年には自分たちで共同経営することに決めた。その形が今日まで続き、ガブリエルさんは現在8名いる代表の一人だ。バウエンホテル以外にも被雇用者によって経営されるようになった企業が100余りあるという。

バウエンホテル成り立ちの話がひとしきりすみ、端に座っていた男性が紹介される。〈五月広場のおばあちゃんたち〉代表のエステラ・カルロットさんが来てくれるはずだったが、高齢のゆえ体調を崩し、その代わりに体験を話しに来てくれたミゲルさんだ。

ミゲルさんが幼かった1976年6月23日、突然数人の男がアパートに侵入し、大学教員の父と母を連れ去ってしまった。その後、母方の祖母に引き取られるが、両親の行方はずっと不明のままだった。だが、ミゲルさんは2003年から〈五月広場のおばあちゃんたち〉の運動に協力し始め、両親が殺害されたことを確認、2006年には、収容中の母が妊娠していて、その後出産したことを知る。それ以来まだ見ぬ弟か妹を探しているが、消息は未だ不明だという。

密かに監禁されている親から生まれた赤ん坊は、秘密保持のため主に軍や政府関係者に渡された。出自を秘《かく》すため実子として養育されたので、現在でも捜索は困難を極めている。ようやく探しあて、DNA鑑定によって血縁関係が明らかになっても、本人が事態を受け入れない場合も多いという。養い親のイデオロギーの中で育ち、自分が親だと思ってきた人たちが、実の親に対しては加害者だった、ということになるのだから当惑するのも無理がない。事実が明らかになったことでさらに複雑になる人間関係。事実に基づいた親子関係に戻そうとしても、法的な手続きの煩雑さはもとより、当事者の内面の葛藤はより深刻で、心理カウンセラーがその後の心理的なケアを担当しているが、あくまで事実を認めるのを拒否する人も少なくないそうだ。

息を詰めるように聞いていた私たちの中から、そこまでして事実を求める必要があるのか、あえてそのままにしておく方がいいのではないか、という意見が出た。それに対してミゲルさんは「私たちは痛みを力にしてでも、真実を知りたいのです」ときっぱり言い切る。

話がそこまで進んだ時、ホテルの入出荷担当だというアレグレ・グラディスさんが語り始める。1978年、サッカーのワールドカップの大会がアルゼンチンで開催され、国中が沸きたっている時、一人の女性が大統領官邸に向かって「娘を返せ」と叫んでいた。当時20歳だったグラディスさんはその様子を目撃したが、意味がわからず、その場にいた大勢の人たちも彼女を無視していたという。それまで傍らで黙ったまま話を聞いていたアルミナ・パラシオさんも付け加える。「ワールドカップは政治から目をそむけさせる政策の一環だったのです。あの頃私たちは本当に何も知りませんでした」。

当時「沈黙していれば元気でいられる」という言葉が密かに流布していたそうだ。ミゲルさんの祖母も、自分の娘とその夫の誘拐現場に居合わせたにもかかわらず、そのことについてほとんど語らなかったという。周囲に潜む密告者を恐れていたらしい。立法、行政、司法を独占していた軍事政権は、反対者を抹殺するだけではなく、真実を隠蔽し、さらに互いの密告を奨励することで市民を引き裂いたのだ。２００４年から当時の関係者の裁判が始まり、これまで約６５０名が裁かれたが、軽微な処罰にとどまり、加害者と被害者の和解は進んでいないという。傷跡はまだ癒えてはいない。

以前アルゼンチンを訪ねた時から気になっていたことがある。人々があまり笑わないのだ。街ですれ違う人たちのすらりとした体躯、彫りの深い顔立ち。羨ましいくらいだ。だが、店に入っても、店員が目を合わせたり、微笑みかけたりすることはほとんどない。硬い表情に突き放されたような感じがしてしまう。この地が抱えてきたのは、植民地の支配者による先住民への抑圧に加えて、白人による白人への弾圧の傷跡だ。人間は自分の利益を護るためならどれほど残酷になれるのか。バウエンホテルを出て、船に戻るバスの窓から石造りの街並みを眺めていると、この美しい街のたどった歴史の厳しさが夕闇の中から浮かび上がってくるようだった。

5. 小さなことを大きな心で

１月９日深夜、ブエノスアイレスを出港。翌日正午、モンテビデオの港が見えてくる。モンテビデオはブラジルとアルゼンチンに挟まれた小さな国ウルグアイの首都だ。早めの昼食をすませた乗客が甲板に集まってくる。「ウルグアイってどんな国？」そんな話題が飛び交っている。乗客のほとんどが私と同じく予備知識がないようだ。港は大きくはないが、近づくにつれ、整然とした様子が目に入ってくる。「ちょっと意外だね」そんな声が聞こえる。出港はその晩遅くの予定。ウルグアイにはたった半日の短い滞在だ。

私は〈ウルグアイの女性たちと出会う〉という交流ツアーに申し込んでいる。参加者は三十数名。ツアーリーダーはTさん、通訳はブエノスアイレスでも一緒だったエリカさん。二人とも若く健やかな印象の女性だ。お昼の2時近く、港で待ち受けていたバスの中で出発を待っていると、外でスペイン語の元気な挨拶の声がして、乗車口から50歳前後と思われる濃い褐色の髪の女性が勢いよく乗り込んでくる。とたんにエネルギッシュな雰囲気が車内に満ちる。その後に控えめな印象の若い男性。早速紹介がある。彼女は、これから訪れるいくつかの施設を運営する団体ＣＥＰＲＯＤＩＨ“Centro de Promoción por la Dignidad Humana”（人間の尊厳推進センター）を立ち上げ、今もディレクターを務めるアドリアーナさん。男性はその活動を助けるフリオさん。

バスの窓から市内を観光しながら、アドリアーナさんがＣＥＰＲＯＤＩＨの活動について説明してくれる。設立は16年前。貧困層の女性たちに職業訓練や仕事の機会を提供し、自立を目指す団体だ。２００９年には活動を支援するＵＳＡの銀行や日本の財団も現れ、２０１０年には代表が日本を訪問したこともある。ピースボートとは２０１４年から交流を始めたという。Tさんは前年に続き2度目の訪問で、再会が懐かしそうだ。

バスの窓からは、港の印象と同じすっきりした西欧風の街並み、そして、土曜日のせいか寛いだ様子でそぞろ歩く人々が見える。やがて、バスは落ち着いた住宅街の一画にある、水色と白の外装の木造二階建ての家の前で止まる。住宅街に溶け込んでいるが、最近手に入れた活動拠点となる事務所兼作業場だという。「今日は土曜日なので人がいないのよ」相変わらず張りのあるアドリアーナさんの声に押されるように中に入る。内装も水色と白が基調で明るい。玄関ホールに入りきれない私たちは早速2階に上がる。8畳ほどの部屋の壁に沿って並べられた事務机の上に旧式のデスクトップ型のコンピューターが7、8台。職業訓練用だ。

隣の部屋は、裁断機や穴あけ道具などが置かれた工芸品を作る作業場。材料は寄付されたリサイクル品を活用する。たとえば、街に掲げられていた企業のビニール製のポスターを譲り受け、バッグに再生する。素材が一様ではないので、どれ一つ同じものはできない。「ポスターを使っても企業のロゴは入れません。それに、貧しい者が安い製品を作る、という思い込みを破るため、リサイクルといえども品質にはこだわっています」とアドリアーナさん。毅然とした姿勢を貫こうとする志が伝わってくる。

階下に下り、玄関ホールで立ったままアドリアーナさんの話の続きを聞く。ウルグアイは南米で2番目に面積の小さい国で、人口約３００万人、その三分の一がモンテビデオに住んでいる。国の主産業は食肉に関する仕事と観光業。現在、数年前の経済危機からの回復途中にあるが、人口の12%は極貧層に属する。宗教的には自由で、以前からキリスト教、ユダヤ教、イスラム教が共存している。国民の好きなのはサッカーとタンゴ。それと2月のカーニバル、１カ月間踊るのだそうだ。さらに「私たちの大統領はいい人なの」アドリアーナさんは笑顔でつけ加える。私が先住民の状況について尋ねると、かつてこの地域には人が住んでおらず、ウルグアイはヨーロッパの人々が開拓した土地で、住民のほとんどは最初から白人系です、との答えだった。それにはすぐには頷けなかったが、自分が歴史的事実を知らないので何とも言えない。

次に、バスで手工芸ワークショップの場所に向かう。そこでは困難な状況にある女性が収入を得られるように、手作りの品を制作、販売している。その日は、ＣＥＰＲＯＤＩＨのメンバーが私たちを待っているという。Ｔさんが、彼女たちは楽しむ機会が少ないので、私たちの訪問を心待ちにしている、と伝えてくれる。

大通りから少し入ってバスが止まる。立派な石造りの古い建物だ。カトリック教会だったのを譲り受けたそうだ。ＣＥＰＲＯＤＩＨは無宗教の団体だが、教会とも協力関係にあるのだ。教会の地下室の仕切り壁を取り払った空間に、段差を利用して、手作りの品が置いてある。毛糸のセーター、マフラー、子どもの衣服、ガラスの皿……どれも素朴なもので、少し高めに思える値段がつけられている。私はその中から、ガラスでできた朱色の細長い皿とグレーの四角い小さな器を買った。

ＣＥＰＲＯＤＩＨでは応援するなら寄付ではなく何かを買って欲しい、と前もって言われていた。このような施設を訪れる時、ピースボートはいつもなにがしかの寄付金を持っていくのだが、今回はそれも断られたという。依存する癖をつけず、あくまでも自立を目指しているから、と。

中央のスペースに並べられた椅子に腰を掛けると、私たちを見守るように取り囲んでいた女性たちの中から、アドリアーナさんに促され、３人が前に進み出る。まず、小柄な50歳前後の、栗色の髪を小さくまとめ、同じ色の瞳をした優しそうな顔立ちの女性。その人は、マリア・エレナと名乗り、語り始める。若い時に結婚し、妊娠したが、出産前に子どもに障がいのあることがわかった。自分は産むことを決めたが、夫はそれを知って去っていった。以来、一人でその子を育てているが、子どもの世話をしなければならないので定職に就けず、ここでガラス製品を作ったりしている。私の買った繊細なガラスの器はこの人が作ったものだ、と直感的に思う。

次はイレネさん。50代半ばか。結婚して５人の子どもを産んだが、夫の暴力に耐えかねて家を出た。今は子どもたちも大きくなり、孫が５人、落ち着いた生活ができている。

最後は大柄な黒髪の40歳ぐらいのロールさん。事情があって、幼い時から家族というものがいない。一人で生きていくのは経済的に厳しいが、ここで皆と助け合って働き、少しでも収入が得られるのをとても嬉しく思っている……。

3人とも、何かを乗り越えたような穏やかな口調だ。私も娘が10歳の時から一人で育ててきた。定職もあり、周囲からのサポートもあったとはいえ、やはり孤独だと思う時があった。思いを聞き、相談にのってくれる場所や人の有難さは身に染みている。ここに至るまでの彼女たちの人生に涙がこぼれそうになった。他の人たちもシーンと聞き入っている。

「何か質問はありませんか？」と尋ねたアドリアーナさんに、政府の支援とＣＥＰＲＯＤＩＨの活動との関係についての質問があった。「今の政府は、弱い人たちに心を向けてくれています。でも、役所の仕事では抜け落ちてしまうことがあります。ですから、私たちは役所にできないことをしようと思っています。小さいことを大きな心で、ね」アドリアーナさんの答えだ。

その後、隣の部屋に移る。ヒョウタンの実からマラカスを作るワークショップだ。私たちのために、人数分の小さいヒョウタン、赤、黄、青、緑、白、紫色の塗料、大小の筆が揃えてあり、作り方を教えてくれる。あらかじめ新聞紙を敷いてある机の前に座り、思い思いに作業を始める。私は、ツアー参加者の、白い髪をショートカットにした優しそうな小柄な日本人女性と並んで座る。マラカスに青の下地を塗り、そこに赤、白、緑の線描きをしていると、先ほどのマリア・エレナさんが近づいてきて、私の手をとり、指に深い紅の丸いガラスの指輪をはめ、両手でそっと握りしめてくれる。隣の女性には薄い緑の指輪。とっさのことで、スペイン語の言葉を探すが、簡単なお礼で精いっぱい。互いに多くは語らなかったが、慈しむように包み込む柔らかな掌からは、言葉以上のものが伝わってくるようだった。

マラカスが出来上がった頃、河に泳ぎに行っていた子どもたち数人と、その母親たち、そして、CEPRODIHの手助けをしている若い男性も数人集まってきて賑やかになってきた。そこに、トレーに山盛りになった小型の揚げたパイ、エンパナーダや、コーラやジュースが運ばれてくる。歓声があがる。経済的には決して恵まれていないはずの人たちのもてなしだ。

私たちは、スペイン語や英語でなんとかコミュニケーションをとりながら、手作りのアツアツのエンパナーダを頬張る。中身は肉のミンチ、チーズ、甘いフルーツ、と3種類ある。黒髪のすらりとした若い男性の弾くアコーディオンに合わせ、タンゴを踊り始める人たちがいる。子どもたちも、誰かにもらった日本の紙風船で遊んだり、母親に促され、はにかみながら自分の名前を教えに来てくれたり、楽しそうだ。

あっという間に帰る時間が来て、心を残しながらバスに乗り込むと、皆が戸口の階段に並んで手を振っている。エレナさんの姿も見える。私の指には紅いガラスの指輪。言いたかった言葉がスペイン語で浮かんできた。「エレナさん、あなたは強い母親です。私はあなたをとても、とても尊敬します」と。でも、それを口に出す前にバスが動き出し、言葉は伝えられないまま私の中で宙ぶらりんになってしまった。

　バスは広い通りに出て、海かと見まがう広い河に沿った道路を走る。低く斜めに差す夕陽に水面がキラキラと眩しい。その光の中に、大小の人影がシルエットになって浮かんでいる。週末を楽しむ人々だ。あの子どもたちも先ほどまでこの中に交じっていたに違いない。ＣＥＰＲＯＤＩＨに集う母と子の生活に、私たちの短い訪問は何かを残せただろうか。私たちだけが一方的にもてなされたのではないか、そんな思いを乗せて、静かに暮れていくモンテビデオの街をバスは港へと戻っていく。

　日本に戻って、偶然『世界でいちばん貧しい大統領のスピーチ』（編：くさばよしみ、絵：中川学、汐文社）と題された絵本の広告を見つけた。もしかしたら、と、早速探して手にすると、やはり、ウルグアイの大統領についての本だった。私はその時ようやく、アドリアーナさんが大好きだと言っていた大統領が、ホセ・ムヒカという名前で〈世界で一番貧しい大統領〉と呼ばれていると知った。２０１２年、リオデジャネイロで開かれた、環境が悪化した地球の未来について話し合う国際会議に、ムヒカ大統領は質素な背広にネクタイなしのシャツ姿で出席する。会議が終わる頃、それまでほとんど注目されていなかった彼が演壇に立ち、現在の状況を招いたのは人間の欲深さによるものだと指摘し、「人と人とが幸せな関係を学ぶこと、子どもを育てること、友人を持つこと、地球上に愛があること——こうしたものは、人間が生きるためにぎりぎり必要な土台です。発展は、これらをつくることの味方でなくてはならない。なぜなら、幸せこそがもっとも大切な宝だからです。人間が幸福であってこそ、よりよい生活ができるのです」と語りかけると、会場から大きな拍手が巻き起こったという。

最近、日本の大型書店にも、ムヒカ大統領についての本が複数並ぶようになった。大統領を辞めた後、日本を訪れ、講演も注目された。大量消費時代と呼ばれて久しい人間社会。欲望をかき立てる装置はいたるところに仕掛けられている。「私は貧乏ではなく、質素なのです」と語る元大統領。青年時代、当時の軍事独裁政権に抗する武装ゲリラとして何度も投獄された人の到達した思想と生き方は、私だけではなく、地球の未来への貴重な指針になるだろう。地球上の生物の種《しゅ》の一つにすぎない人間が地球を滅ぼさないために。

大きな国でなくてもいい。強い国でなくてもいい。適切な労働で得られた富が偏りなく分配され、何かのきっかけで生きることが困難になった人たちにも、自立して生きるチャンスが公平に訪れる、そんな社会に私は生きたい。大きな心で、強い意志を持って、小さなことをおろそかにせず、できることを実行していく、そんな生き方ができたらいい。ウルグアイという国にたった半日しかいなかったのに、とても親しい気持ちがしている。

6. 時空を超えて

モンテビデオを出た船は、南米大陸先端の南に位置するフエゴ島にある町ウシュアイアへと向かい、1月15日に到着。ウシュアイアは南米最南端の港、南極を訪れる拠点の一つで、私も7年前にここから南極ツアーに参加した。南極への船上で知り合って以来メールで連絡を続けているヴァレリーは、この町で野生動物保護の活動をしていたことがあり、近辺の写真を送ってくれていた。そのこともあり、なぜかとても懐かしい。

私は今回、トレッキングツアーに参加し、湿地帯やエメラルド色の湖を抱いた山間部を5時間ほど歩く。ひんやりした大気、澄んだ雪解け水が心地よい。

翌日の夜遅くウシュアイアを出港。パタゴニアフィヨルドに囲まれた峡谷を抜けて太平洋へ。22日朝、チリの港町バルパライソに着く。ここから私は〈ウユニ塩湖とラパス&マチュピチュ遺跡7日間〉のツアーに出かけるのだ。ツアーリーダーからの高山病についての注意も上の空、わくわくする。

22日、夕暮れ迫る頃、バスで首都サンティアゴへ。石造りの大きな建物が並ぶ大都会だ。以前アジェンデ政権がピノチェト将軍のクーデターによって倒された事件を描いた映画を観ていたので、なんとなく緊張していたが、それももう40年以上も前のこと。実態は窺い知れないが、車窓からの日常は落ち着いた様子だ。近代的なホテルで一泊し、翌朝まだ暗いうちに空港へと向かう。機内では窓に額を押し付けるようにして、朝の光に白く輝くアンデスの山々に感嘆の声をあげながら2時間、北のカラマ空港に着く。

ここからバスでボリビア国境のオジャグエまでは大型バスだ。標高3000〜4000メートルの高地をひたすら走る。濃く澄んだ蒼い空、ところどころぽっかり浮かぶ白い雲。その下に、薄く乾いた褐色の草がまばらに生える赤土の平原が広がる。遠くに近くに、頂に雪をいただく山々が青や紫の濃淡に霞んで聳えている。見渡す限り人影はなく、まれにリャマが草を食んでいるだけだ。

4時間余りバスに揺られて着いたオジャグエには木造の小屋が一つ。ここが税関だ。手続きをして、ボリビア側からの迎えの車を待つ。なかなか来ない。その間小屋の周囲を歩いてみる。空気が薄いせいか皆動きはゆっくり。苦しそうに座り込んでいる人もいる。厳しい環境なのだ。

1時間以上も待っただろうか、地平線に微かな砂煙。目を凝らすと車が連なってこちらに向かってくるのが見え、次第に大きくなってくる。10台の4WDに4、5人ずつ乗り込み、また同じような風景の中を数時間走る。すっかり暗くなってから、小さな灯りが通りをぼんやりと照らすウユニの町に入り、二階建て木造のホテルに着く。階段も部屋のドアも触れるときしむ。

茶色を基調にした民族調の素朴な部屋の中も薄暗い。夕食はキヌアのスープとリャマのステーキ。この地域で食事をすると、小さい粒の穀物キヌアは、スープ、サラダ、付け合わせ、献立に必ず入っている。アンデスの主要穀物だ。

次の朝、朝食の前にホテルの周囲を歩いてみる。ホテルと道を挟んだ向こう側に簡易造りの屋台のような店が数軒、衣服、野菜、肉を売っている。商品の種類は少ない。質量ともに豊富な商品があふれる日本は、世界の中では特殊なのだと改めて思い知らされる。肉屋の前には、リャマの新しい生首がドンと据えられ、こちらを睨んでいる。肉を切り分けている女性の写真を撮りたいとスペイン語で声をかけたが、身振りできっぱり断られてしまった。観光地であるのを拒んでいるのだろうか。険しい表情だった。

町を碁盤の目のように区切る石畳の道に沿って歩いてみる。両側には平屋か低い二階建ての家や店が並んでいるが、東西南北5分ほど歩くともう町の外れだ。あちこちに生気のない目をしたやせた野良犬が小さな群れを作って彷徨い、吹く風にゴミが舞っている。心寂《うら》れた印象だ。たまにすれ違うジーンズ姿の若いカップルの笑顔にほっと救われた気持ちになる。

朝食後、ジープでウユニ湖に向かう。ホテルから15分ほどで湖に着く。ウユニ湖は、かつての海底が隆起してできた塩湖で四国ほどの広さがあるが、湖面全体の高低差は50センチほどしかない。雨が降らなければ広大な塩の平たい空間だ。その日は前日の雨に誘われて表面に滲み出てきた水が数センチほど薄く張っている。ジープに乗ったまま中に進む。反射の光が目に痛い。上にも下にも蒼い空と白い雲。自分が重力を失って宙《そら》を漂っているようだ。

昼食は湖でケイタリング。どこからか車がやって来て、中から男女が二人降り、手際よく湖の上に白いプラスチックのテーブルと椅子を並べ、バイキング形式の食事をセットし始める。だが、まさに食事を始めようとした時、にわかに空がかげり、大粒の雨が降り出した。皆、あわてて車の中に駆け込み、雨の音を聞きながら車中で昼食だ。しばらくすると雨がまた唐突にやむ。

ホテルに戻り、一休みした後、夕方の湖を再び訪れる。空のほとんどは厚い雲で覆われたままだが、水平線の上と下が夕焼けの色に染まり始める。黒い雲と濃い茜色のコントラスト。そこにまばらな人影が小さく黒く浮かぶ。これまで見たことのないドラマチックな光景だ。寒いけれど動きたくない。時の経つのを忘れているうちにいつしか残照も消え、辺りは闇に包まれる。まだ厚い雲が残っているのか、雲間からの星は数えるほどしか見えず、心を残しながらホテルへと戻る。それにしても余分なものがない空間に身を置くという体験は、こんなにも自分の存在を根底から揺り動かすものなのか。全身でそう感じた一日だった。

翌朝早く、建設間もないこぢんまりしたウユニ空港からボリビアの首都ラパスに発つ。ラパス空港からバスでチチカカ湖沿岸から内陸へ約17キロ入った標高４０００メートルにあるティワナク遺跡へ。マチュピチュ建設より以前〈タイピ　カラ（石の中心＝世界の中心）〉と呼ばれていた地で、紀元８００年頃に最盛期を迎え、ピラミッドや巨大な石像が聳えていたというティワナク遺跡は、ほとんど破壊され、今では建物の礎石の一部や鳥人モチーフの図像などがわずかに残るだけだ。現在、考古学的な調査がなされているが、未だに詳細は不明だという。時折細い雨が落ちる灰色の空の下、歳月を経た石積みに刻まれた人間とも動物とも判然としない頭部から、時空を超えた叫び声が聞こえてくるようだ。その声はなぜか哀しい。一つの文明が消え去った事実に、また歴史の残酷さを感じてしまう。

　遺跡見学の後はレストランで昼食。アンデス特有の暖かな赤を基調にした縞模様の厚いクロスをかけた長テーブルに腰を掛けると、木枠のガラス窓から、幅５メートルほどの土の道と、その向こうに並ぶ黄土色の建物が見える。その道をジーンズ姿の男性や子どもに交じって、シルクハット型をしたフェルトの黒い帽子を被り、横に広く張った踝《くるぶし》丈のスカートをはいた女性たちが通っていく。その日は日曜日、通りの突き当たりにあるカトリック教会のミサから戻る人たちらしい。女性の装いは独特だが、スペイン統治時代にもたらされた西洋男性のシルクハットを当時の女性たちが気に入り、広がったスカートと共に取り入れ、晴れ着にしたのだという。フェルト帽は高価なので、雨が降ると脱いで護るのだそうだ。

　バイキング形式の食事が終わる頃、外から笛の音が聞こえ、だんだん近づいてくる。リズミカルだけれど、どこか哀愁のあるアンデスのメロディーだ。食事を終えかけていた私たちはカメラを持って我先にと外に飛び出す。十数人ほどの男女が列になってこちらに近づいてくるのが目に入る。正装している人もそうでない人もいる。しかも、そのグループだけではない。後にいくつも同じような集団が続いている。楽器の演奏に合わせ、軽くステップを踏みながらジグザグに進み、時折止まると、皆で肩を組み、少し前かがみになってその場で輪を描くように踊る。各グループの先頭にはバナナの房を首にかけた男性が、重そうに足を合わせている。土地の人によると、最近、村の議会選挙があり、当選者を親族が祝う行列なのだという。するとあのバナナを首にかけた男性が新しい議員なのだろうか。

土地の人たちに交じって道端で行列が通り過ぎるのを見ていると、一時やんでいた細い雨がまた降りだした。すると、なるほど、何人かの女性があわててフェルト帽を脱ぎ、ブルーのポリ袋にくるんで脇に抱え込み、でも歩くリズムは変えずに雨の中を悠然と去っていった。

その後、バスでラパス市内のホテルに向かう。急な山肌に、無数の煉瓦色の瓦屋根が張り付く大きな街が見えてくる。どこも坂道だ。街の中心近くにあるホテルに入って少し休憩した後、地図をたよりに、近くの繁華街の一画にある広場に行ってみる。取り囲む石の建物の壁に〝Alto! La violencia domestica〟（止めよう！　家庭暴力）と赤い文字で書いた大きな看板がかかっている。他にも同じような看板を何カ所かで目にした。ウルグアイでも聞いたように家庭内暴力は南米社会の深刻な問題なのかもしれない。

夕食は市内のレストランでとる予定だ。時間があるので、レストランがある石畳の坂道に並ぶ土産物店をのぞきながら歩く。ある間口の狭い店に入ると、薄暗い奥にひっそりと30歳代半ばと思われる女性が座って繕い物をしている。身を寄せて4、5歳の女の子が座り、ブラウン管型の小さなテレビを見上げている。「お店をちょっと見せてください」スペイン語で声をかけても、女性はわずかに顔をこちらに向けるだけ。狭い店内で買いたい物もなく、挨拶して店を出ようとした時、突然どこかで聞いた音楽が耳に入ってきた。振り向くと、テレビに日本のアニメ『アルプスの少女ハイジ』のオープニングが映っているではないか。驚いて「これは日本で創られたものです」と言うと、その女性がにっこりと微笑み「知っていますよ。とてもいいものです。私も30年前にこれを観ていました」と応じる。声も表情も柔らかい。

日本からこんなに離れた場所で、おそらくは日本がどこにあるのかも正確には知らないだろう人たちの中で、30年以上もの間、日本のアニメを見て育つ子どもたちがいるのだ。もちろん『ハイジ』のアニメはスイスのヨハンナ・シュピリが1880〜81年に発表した小説が原作だ。私は60年ほど前、日本で岩波少年少女文学全集に収められたその訳本を何度も何度も読んでいた。ハイジはもとより、その友達のペーターやクララ、ハイジの祖父、厳しい家庭教師のロッテンマイヤー、といった登場人物は幼い私の中で明確な人物像として定着し、蒼い空を背景に連なる白い雪をいただく山々、その谷間に広がる緑の牧場にはるかな憧れを抱いたものだ。ボリビアのアンデス高地の街ラパスの母親と女の子にとってもその憧れは同じだろうか。急に時間や空間の隔たりが消え、親しく温かい気持ちになって店を出た。

7. 誇り高く

翌朝早く、ラパス空港からバスでペルーのクスコへ向かう。ラパスからはペルー人の50歳前後の小柄な男性ペドロさんがガイドとしてついてくれる。日本で働いたことがあるそうで、日本語を使っての引率だ。

クスコはインカ帝国の都で、アンデス山脈中の３４００メートルの高地にある。スペインに征服された後は植民地支配の拠点にもなった。近づくと、思いもかけなかった堂々とした赤褐色の大きな街が広がっているのがわかる。バスから降りた広場はアーチの回廊でつながれた石の建物に囲まれ、そこから緩やかな坂道が放射状に広がっている。ペドロさんの持つ水色の小さな旗に導かれ、起伏のある石畳の街路を歩く。少し行くと、深い蒼空をバックに聳え立つ赤い石造りのスペイン風の教会や宮殿が現れる。こんな高地に、これほど壮麗な都が築かれていたとは。想像を超える規模だ。

これらの威風堂々とした建物は、インカ帝国時代の建物の土台となっていた石組みの上にスペイン様式で建てられたものだという。密に組まれた一つ一つの石の間にはカミソリの刃一枚入る隙間もない。高度な石の加工技術を征服者も尊重せずにはいられなかったのだ。ペドロさんは案内しながらその事実を何度も繰り返す。祖先の文化がいかに素晴らしかったか、どうしてもわかってもらいたい、との思いが強く伝わってくる。

赤い尖塔が澄んだ蒼空に突き刺すような建物の前で「この教会の土台もインカのものです」そう語るペドロさんに「現在、ペルーの宗教はどんなふうなのですか?」と尋ねてみた。「カトリックが大多数です」「土着の宗教は?」「少しは残っています」「無神論者は?」「いや、皆、何かを信じていますよ」無神論など論外、といった口調だ。

ペドロさん自身は熱心なカトリック教徒のようだ。自身が誇る先祖の築いた建物が破壊され、その土台の上に威圧するように教会が建てられても、教義としてのカトリックは受け入れるのだろうか。20世紀半ばからは、16世紀から19世紀にわたるポルトガル、スペインの南米大陸への侵略、略奪、殺戮、植民地支配の負の側面が明らかにされてきた。植民地化にカトリック教会の果たした役割も肯定的なものばかりではない。それなのに、現在、南米で熱心なカトリック信者が多いのも事実だ。何がそれほど人々を惹きつけるのか。ペドロさんの考えを知りたいが、問答無用といった調子のペドロさんにそれ以上の質問は憚られる。

教会を見上げていると、リャマを模《かたど》ったキーホルダーの束を手にした、日本なら小学低学年の子どもたちが英語で「1ドル、1ドル」と繰り返しながら観光客を取り囲む。私はもうそれまでにいくつか買っていたので、断らざるをえない。その日は月曜日、この子たち、学校はどうしているのだろう。

翌朝5時過ぎ、クスコのホテルからバスでマチュピチュ遺跡への専用列車の起点となる町オリャンタイタンボに向かう。途中、専用列車内は荷物制限があるため、最低限の品だけを携帯するように、という指示がある。その時、私は着替えの衣類と一緒に、財布も小型リュックに移したつもりだった。ところが、バスを降り、列車の出発を待つ短い時間、周辺の土産物店で記念の品を買おうとすると財布がない。バスを降りてから財布を取り出す機会もなかったし、誰かが近づいて盗られたような場面もなかった。バスで荷物を入れ替えた時に座席の隙間にでもうっかり落としてしまったのかもしれない。そう考え、軽い気持ちでペドロさんに「バスの中にお財布を残してきたかもしれないので、戻って調べたいのですが」と声をかけた。するとペドロさんの表情がキッと鋭くなり、「バスはもう出てしまいました。あのバスは明日ホテルに迎えに来ることになっているので、私が運転手に電話しておきます。でも、ないと思いますよ」気を悪くさせてしまったのか、と感じさせられる突き放した対応だ。仕方なく、当座の必要なお金を友人に借りて凌ぐことにした。

オリャンタイタンボ駅から3両編成の列車に乗り込む。数日前の雨で水量が増したアマゾン川の支流の一つ、ウルバンバ川の赤土色の濁流を左に見ながら、1時間半でマチュピチュ駅に着く。日本の鄙びた温泉街といった趣の町だ。そこからバスで坂を遺跡へと登る。入り口付近にはレストランや土産物店があり、観光客が列をなしている。しばらく待って遺跡に入る。灰色の空の下、石段を登っていると、遺跡を見下ろす椀を伏せたような形の山の頂がみるみる霧で隠れていく。こんな映像を日本で何回か見た。既視感が先に立つ。

いつの間にか降りだした小雨に濡れながらも、ペドロさんは説明を端折《はしょ》るつもりはないようだ。水色の旗を片手に掲げ、軽快に石の階段を上り下りしながら、ポイントで足を止め、この天空都市がいかに考え抜かれて建造されたかを専門的な知識も交えて解説する。とりわけ、このマチュピチュには各分野の専門家が研究の目的で住んでいた、と強調する。天文学、農学、建築学、薬学、医学……。当時の最先端の学問の成果は、インカ道を通って外に運ばれ、南米大陸のみならず、地球規模で影響を与えたという。いつの間にか世界の中心から遠ざかってしまったような南米大陸だが、確かにそこに栄えていた文化の存在を訴える熱弁に圧倒されてしまった。

翌朝、ペドロさんが何も言ってくれないので「お財布のこと、運転手さんに連絡とっていただけましたか？」とできるだけ丁寧に尋ねてみた。すると「何もなかったそうです。一緒に働いていますが、あの人はいい人ですよ。バスの中にあれば必ず見つかります。外で失くしたら、見つかりませんが」とぶっきらぼうに答える。そこでようやく、私が運転手さんを疑っている、とペドロさんが考えているのだと気づいた。私はただ、荷物を入れ替えた時に滑り落ちたのではないか、と思っただけなのに。「でも、一応確かめてみたいので、他の人より先にバスに乗せてください」と言うと、黙ったままバスの方に案内する。

バスの乗り口付近に昨日の若い運転手が立っている。スペイン語で「すみません。バスの中、見てみます」と言ったが、ずっと硬い表情で目をそらしたまま。中に入って心当たりの座席付近を探してみたが見つからない。「やはりありませんでした。ごめんなさい」できるだけ明るく、二人に謝ったがどちらからも返事はなかった。

帰りのバスに乗っても、ペドロさんの過剰なまでの反応が気にかかった。仲間が、同国人が疑われている（私にはそのつもりはなかったが）と思うことが、誇り高いペドロさんには耐えられなかったのか。もしかしたら、日本で働いていた時、嫌な思いをした経験があるのかもしれない。私は、自分の不注意で二人に不愉快な思いをさせてしまったことを悔い、それからしばらく気持ちが晴れなかった。

帰る途中の電車の小さな停車駅で、年老いた女性が一人、すがるような面持ちで、懸命に腕を伸ばして小さな花束を差し出している。だが、この列車の窓は開かないので、誰も買おうとする人はいない。クスコの街で「1ドル、1ドル」と縋りついてきた物売りの子どもたちを思い出す。この国にはまだ貧しい人が多いのだろう。祖先の文化を誇るペドロさんは、そんな「今」に生きる人たちに愛着を覚えながらも、苛立っているのかもしれない。祖先の気概と矜持を取り戻せ、そう心の中で叫びながら。

もっとクスコの街を歩いてみたい、インカの文化を知りたい、土地の人たちとも話してみたいと願いながらも、日程にせかされ帰途につく。途中、バスがクスコの、毛織物を扱う観光客向けの商店が集まったショッピングセンターに立ち寄った。私は混み合うメインの店を避け、片隅のひっそりした小さな店に入ってみた。アルパカ製のセーター、マフラー、帽子、手袋などがセンスよくディスプレーされている。他の店とは違い、どれも民族調を控えた、あっさりした色とデザインだ。店に一人いた落ち着いた中年の女性も、纏《まと》わりつくのではなく、さりげなく佇んでいる。私は茶系のマフラーと手袋を買うことにして「これをください」と声をかけた。その人はシックなベージュの紙のバッグに品物を入れる。その後で、街で子どもたちが売っていたのより一回り大きな白いリャマのキーホルダーをどこからともなく取り出し、その上に掌をかざし、何度も円を描く。「あなたのこれからに幸せが訪れますように」と歌うようにつぶやきながら両手で私の手を包み、そのリャマを滑り込ませる。その真剣な様子に、日頃は呪《まじな》いなど信じない私も、姿勢を正し、厳かな気持ちで受け取った。

日本に戻っても、何か困ったことが起こると「私を護ってね」と白いリャマに願っている自分に気づく。そして、最小限のものしか持たず、地面に張り付くように、宇宙に溶け込むように生きるアンデスの人たちのことを思い出す。高地の生活は厳しい。彼らは、日本の阪神間の郊外の冷暖房の効いた建物の中で暮らす私などには見えないもの、聞こえないもの、感じられないものを見、聞き、感じているに違いない。そして、峻烈な風土の中で生き抜く力に誇りをもっているに違いない。私に彼らのような強靱さがあるだろうか、自信はない。

8. 来てよかった

1月28日夜、クスコからペルーの首都リマに着き、カヤオの港に停泊する本船に合流する。私は、ウユニ湖とマチュピチュ遺跡を訪れていた間は元気だったのに、最終日マチュピチュのホテルで夕食をすませてから胃腸が働かなくなってしまった。高山病の症状なのだろうか。とりあえず様子を見るしかない。高地から戻ると、船内の空気がとても暖かく柔らかく感じられる。夕食も久しぶりのあっさりした和食だが、食欲がなく諦める。翌日は〈ペルーの日系の人びとと出会う〉という交流ツアーに参加予定だ。早々にシャワーを浴びてベッドにもぐりこむ。

　私の母方の祖父は１００年以上も前、単身アメリカ合衆国に赴き、それを追って祖母も海を渡った。二人はロス－アンジェルスで結婚し、男の子と女の子を設けた。その女の子が私の母だ。祖母たちは母（１９１８年生まれ）が３歳半の時に日本に戻ってきた。私は母方の祖父母とは別に暮らし、外国に関心を持つ年齢になった頃にはもう二人とも亡くなっていて、直接詳しい経緯を聞くことはできなかった。だが、ロス－アンジェルスの日系の写真館で撮影された、少し緊張気味に幼子を囲む洋装の若い夫婦の姿は、自分の祖父母であるということを超えて、私の想像力を掻き立てるに十分だった。そんなこともあり、祖父母と同時代に外国で生活した人たちから直接話を聞きたかったのだ。

　翌朝８時半、まだ身体は本調子ではないが、港からバスに乗り込む。30分ほど走り、落ち着いた街並みの一画にある日秘《ペルー》文化会館に着く。堂々とした建物だ。モダンな玄関ロビーに日本人形や書道の作品が飾ってある。まず、日本人移住資料館を見学する。移住者が使っていた農機具、味噌樽、蒸籠《せいろ》、杵、臼といった生活用品、茶道具などの趣味の品々がガラスケースに展示され、日本とペルーの交流史が年表も含め詳しく説明されている。

　年表によると、明治維新後、日本人の海外移住はハワイから始まり、やがてＵＳＡ、メキシコ、ペルー、ボリビア、ブラジルへと広がった。日本人移住者が佐倉丸でペルーに初めて到着したのは1899年。当初は労働契約を結び、農村で小作人として働くが、契約は履行されないことが多く、移住者は拡張するリマなどの都市部に進出し、小売業や製造業、理髪業などに従事する人が増えていった。

1906年にはリマに日本の領事館ができ、『アンデス時報』と名付けられた機関紙も刊行されるが、第二次世界大戦中に廃刊になる。1930年頃から排日運動が始まり、第二次世界大戦中、日本とペルーは敵対関係になってしまい、約1800名がUSAの強制収容所に送られた。だが、終戦後、日本からの移住者は経済的に立ち直りが早く、大多数は日本に戻らずにペルーを改めて故郷として選択し、生活を築いてきたそうだ。

1967年、当時皇太子妃だった美智子妃のペルー訪問を機に、日秘文化協会設立のための募金が始まり、戦時に没収された土地も一部返却され、現在の会館建設に至る流れができた。移住100周年にあたる1999年には、年間を通して135の行事が催され、日本から清子内親王を迎え、当時のフジモリ大統領と共に〈友好の橋〉の落成式が挙行された。ペルー社会で一定の役割を果たしてきた日系人ではあるが、最近の10年間は、約10万人の日系ペルー人が出稼ぎで日本に渡っている。その逆移住は、社会的にも経済的にもペルーに大きな影響を与えているという。私の知らなかったことが多い。100年以上も前、今より海外の情報が圧倒的に乏しく、語学教育も充実していなかった時代に海を渡った人たちの覚悟に想いを馳せる。

その後、日本庭園風に整えられた中庭を散策する。どこからか賑やかな声がする。声のする方に行ってみると、日系だけではない様々な肌の色の子どもたちが集まっている。児童を対象とした地域活動らしい。本館の地下には柔道や生け花、絵画、音楽、演劇などの教室があり、道場を模した部屋では多様な年齢、外見の男女が柔道をしていた。

日秘会館は〈友愛〉を理念として、自らも移民として生きた平岡千代照さんが中心になって基礎を築き、2010年に日本政府からの資金援助でリニューアルして現在の建物になったという。その規模や管理が行き届いた様子からも、日本にルーツを持つ人たちの、新しい世界で築き上げた立場への誇りと、民族を超えた交流を築こうという志が感じられた。

婦人会との交流会のため2階に移る。学校の教室を二つ合わせたほどの、大きく窓をとった明るい部屋が会場だ。部屋の一角にカウンターバーがあり、壁際に並べられた机の上には洗練された器に盛られた食べ物、飲み物が並び、それらを飾る花々や果物の鮮やかな色彩が心を浮き立たせる。その前に白いクロスをかけた丸テーブルが10ほど。各々に年配の女性が2、3人ずつ座っている。私たちもグループに分かれ、その人たちを囲んで席に着く。辺りを見回すと、白いブラウスと黒いタイトスカートに、各々の好みに合わせたスカーフやアクセサリーで装う若い日系の女性があちこちに立っている。中南米の特徴ある濃く鮮やかな色彩に慣れた目には、白と黒のモノトーンの服装は、日本の規律正しいオフィスの制服を思い起こさせるに十分だった。

　やがて会が始まる。ピースボートが前もって希望をきいて用意してきた中古の五段の雛飾りを贈呈、それに対するお礼の言葉が続く。この交流会は日秘婦人協会が準備したものです、との説明に次いで、現在の会長ハヤシ・カルメンさんの挨拶がある。カルメンさんは最初日本語で話していたが、話しにくいのか途中からスペイン語に変わり、それを日本語教師をしているという女性が流暢な日本語に訳してくれる。カルメンさんが、一番前のテーブルの女性に「私の母です」と手を差し伸べると、年長の女性が立ち上がり「ハヤシ・トモコです。大正6年生まれの96歳です」とにこやかに自己紹介する。横浜から船で29日間かけてペルーに到着、その後結婚し、3人の子どもに恵まれたという。

　続いて年長の女性たちがマイクをとって次々に自己紹介。白髪の女性が、椅子に座ったままではあるが、「1939年に山梨から来ました。今101歳です。この婦人協会の初代会長です。今はこの会館で、お芝居、太鼓、ゲートボール、カラオケなどを楽しんでいます」と、しっかりした声で述べると、その若々しさに軽い驚きが会場に流れる。次いでイチカワ・マキさん。「会館に来るのが楽しみで、油絵を描いたりしています。カヤオは気候がよくとても住みやすいです」。堂々とした印象のサイトウ・ケイさんは「5年間中学教師をしていましたが、その後、経済省で16年間勤めました」人前で話し慣れている様子だ。

移民一世の女性たちの話を聞いているうちにだんだんと気持ちがほぐれてきた。移住してからの苦労話を聞かせてもらえるのかと思っていたのが、よい意味で裏切られてしまった。皆、ゆったりと楽しそうなのだ。

やがて、周囲に待機していた女性たちがテーブルの用意をしてくれ、食事が始まる。オードブル、寿司、コールドビーフ、サラダ、数種類のフルーツ大福、フルーツジュース……どれもこれも丁寧に作られすっきりした味で、とてもとても美味しい。心づくしのご馳走なのに、体調を崩していた私はあまり食べられず、残念でならなかった。

私は、ハヤシ・カルメンさんとサイトウ・ケイさんと同席だ。ハヤシ・カルメンさんは「母は『ペルーに来てよかった』と言っています。ここで、のびのびと生きることができたのだと思います」と言う。サイトウさんは、キャリアウーマンらしく「こちらでは男性も家事をしますから、女性も外で働きやすいのですよ」と姿勢正しく語られる。私が「日本では男女雇用法ができても、まだまだ女性が働くのは大変なのです」と言うと、手持ちの紙片にサササッと連絡先を書いて「またお話ししましょう」と手渡してくれた。その後もしばらく働く女性同士の会話を交わす。

食事が終わると、ピースボートの乗客の蛇皮線演奏があり、沖縄出身の若い元気な女性スタッフが身振りをつけて安里屋《あさどや》ユンタを歌う。その歌声に皆が声を合わせ、なごやかに会は終わる。『私たちの歩み』『ペルー日系人の20世紀　100の人生　100の肖像』と題された、写真に日本語とスペイン語の説明が付けられた2冊の厚い冊子をもらい、名残惜しく会館を後にした。

日秘会館に集《つど》っているのは、比較的恵まれた境遇にある人たちだというのは、その様子からも察せられる。もっと厳しい生活を送ってきた人、命さえ落とした人も少なくないだろう。だが、あの日出会えた人たちも、きっと言い尽くせないほどの苦難を乗り越えての落ち着きと明るさなのではないか。沖縄や山梨といった、当時の日本で比較的貧しかった地域から、多くは嫁ぐ相手のこともほとんど知らずに、新天地に人生を賭け、自分の力で人生を切り開こうと行動した女性たち。その心意気に敬意を抱かずにはいられなかった。

アメリカに渡った私の祖母は、幼い頃から「着物よりは勉強させてほしい」と言っていたそうだ。１８８６年創設された大阪府女学校（現大阪府立大手前高等学校）の第一期生となった。当時の女性としては背が高く、日本に帰国後も「アメリカの方が生きやすかった。日本では背の高いのが気兼ねで、道の端を歩いていたけれど、アメリカでは堂々と道の真ん中を歩けたから」と語っていたらしい。祖母が生きている間に、もっともっと話を聞いておけばよかった。悔やまれてならない。

祖父母が、身を寄せ合うように新婚生活を送ったであろうロスーアンジェルスに、ほぼ1世紀経った2015年から、USAの青年と結婚した娘が住んでいる。抜けるような蒼い空の下、高層ビルが立ち並び、10車線の道路を自動車が絶え間なく行き交うあの乾いた大都市で、娘も「来てよかった」と言える人生を築いていくことができるだろうか。自分の意志で国境を越え、人生を築こうとする女性たちに心からのエールを送りたい。

9．月の動きとともに

今回の船旅で私が心待ちにしていたことの一つは、7年前の最初の船旅で話を聞いたガビさんとの再会だった。出発前に配布されたパンフレットに、航海中の講座担当者の一人としてガビさんの名前を見つけ、以前送ってもらったタヒチ反核運動の写真付き葉書のお礼が言える、と。

2月5日、ラパ・ヌイ島（イースター島）を出た日の船内新聞に「タヒチの反核・先住民反核人権運動家ガブリエル・ティティアラヒさん」というタイトルの紹介記事が載り、私はすぐに世話役に応募した。レクチャーの会場準備、資料配布、品物販売などを担当するのだ。

ガビさんと世話役との顔合わせがある。甲板で一緒に昼食だ。集まったのは応募者の三分の一ほどの7、8人。ガビさんは相変わらずアロハシャツと半ズボンに裸足。大きな身体が少し小さくなった気がする。自分も含め、過ぎた年月を感じる。もちろんガビさんは私のことは憶えていない様子だが。

談笑しながらの食事を終え、用事のある人は席を離れ、残ったのは3人。話題が一段落したのを見計らって、持参していたガビさんからの葉書を取り出して見せる。ガビさんは葉書に目を落としてから少し間をおいて、「君のこと思い出したよ。あれからどうしていたの？」とそれまで使っていた英語ではなくフランス語で尋ねてくれた。「元気でしたが『タヒチの人がフランス語で書いた文学作品を訳す』という約束はまだ果たせていません」と答えると「それは残念だね」。もっと話したかったが、そこで時間切れ。皆忙しい。

〈タヒチアン・ガビの活動の半生〉と題した最初のレクチャーがあった。私はその話は聞いたことがあるので、会場前での販売係を引き受けた。ガビさんが持ってきたココナツオイル、腰に巻いたり、ドレスのように着こなしたりする布パレオ、茶色の地に裸足の足跡の模様が黒でプリントされたTシャツなどを、少しでも活動の助けになればいいな、と願いながら机に並べる。その日のTシャツ10枚は完売。他の品もまあまあの売れ行きだ。

入場者が一段落した後は、本を読みながら店番をする。会場ホールの開け放した入り口から、マイクを通したガビさんの声が聞こえてくる。タヒチでのたった一人での反核運動の立ち上げが島をあげてのフランス核実験廃止の運動につながったこと、招かれた国連に裸足で行き、演説したこと、ムルロワ環礁での核実験中止の決定……一人の人間が成し得た事実は大きい、と改めて感動する。

ところが、まだレクチャーが終わっていないのに、2、3人が声をひそめるでもなく言葉を交わしながら会場を出てくる。「自分の自慢ばかりしてるね」「船に持ち込んだものの宣伝ばかりして、商売人みたい」思いもかけない感想が耳に飛び込んできた。人の評価は厳しいものだ。少し悲しくなり、考え込んでしまった。

翌朝、甲板で朝食をとっていると、ガビさんが「ちょっといい?」と前に座る。私が「7年前から何か変わりましたか? 農場はうまくいっていますか?」と尋ねると、「なかなか経済的に厳しくてね」「そうですか? でもお元気でしたか?」「朝4時に起きて、海岸に行って、肥料にする海藻を集める。それから農場で農作業。なかなか身体がきつくてね」これまでにない気弱な言葉が続く。「ガビさんのしてきたことはとても価値があるのだから、それを次の世代に伝えて欲しいです」と言うと、ガビさんの表情が少し明るくなる。「実は、僕の生涯を書くことを勧めてくれた人がいてね。これからはそちらに重点を移していこうと考えているんだ」「タヒチの独立は?」「なかなか進まない。僕が政治家になるしかない、という人たちもいる。でも、母親の世代が生きている間は難しいと思う」「どうして?」「あの世代はフランスによって世の中が良くなったと思っているんだ。僕の母は教師をしていたが30代後半で退職した。でも、子どもをたくさん産んでいるので、ずっと年金で暮らしていけるのだからね」。どうやら以前聞いた先住民族マオヒの独立を目指す〈オクトパス構想〉への賛同者はあまり広がっていないようだ。

船がタヒチに着く前日、ガビさんの最後のレクチャーが行われた。タイトルは〈地球と繋がろう〉。私の知らない主題なので、会場で聴くことにする。ガビさんが取り組んでいる自然農法に関する話だ。スクリーンに月の満ち欠けの図が大きく映し出される。ガビさんはタヒチの伝統に従い、月の動きによって、作物の植え付けや取り入れの日程を厳密に決める、と語る。すべては宇宙の法則の中にあるから、と。私は途中から少しずつ違和感を覚え始めた。自然農法には概《おおむ》ね賛成だ。だが、月の動きだけを絶対化するのは現実的ではないのではないか、人類が得てきた科学的な裏付けがあってこそ、昔からの知恵もより活きるのではないか、と。

そんな思いを引きずったまま、ガビさんと世話役の最後の交流会に出席した。集まったのは20人ほど、ほとんどが女性。小さな部屋で、角テーブルを囲む椅子に座る。ガビさんは、ホワイトボードの前に席をとり、「何か質問はありますか?」と英語で尋ねる。誰かが質問する。「農園ではどんな人が働いているのですか?」「できるだけ若い人たちに来てもらうようにしている。伝えていかなくてはならないからね。女性もいるけれど、彼女たちがsickの時には農作業はさせないんだ」「なぜですか？」「作物がだめになるから。他の日はかまわないけれど」「病気の日？」……ガビさんの使った“sick”の意味がよくわからず、皆がザワザワする。そこで私がフランス語で「période のことですか？」と確認すると、「そう」との返事。période とは月経のことだ。私たちの戸惑いに気づいたのか、ガビさんは「女性差別ではないよ。事実なのだから。生理中の女性が触ると作物は枯れてしまうんだ」と続ける。それを問い質す人もなく、私もどう言っていいかわからないまま、質問は次へと移る。先ほどのレクチャーから引きずっていた、ガビさんが遠くへいってしまった、という気持ちがさらに強くなってしまった。

翌2月13日、パペーテ入港の朝は曇り空。私は7年前と同じ〈タヒチアンの挑戦〉と題された、ガビさんの農業共同体ヒティ・タウを訪ねるツアーに参加する。参加者は30人余り。8時、バスで港を出発。時折降る雨で一層濃い緑の中をヒティ・タウへと向かう。ガビさんは、海岸に沿った道に出ると「あそこはクジラが集まる所だよ」「この辺りでカツオがとれるんだ」と教えてくれる。以前は、核実験関連の説明をずっとしていたのに、今回はそれについては控えめだ。

1時間半ほどして、バスが市街地に入る。タヒチはヒョウタン形の島だ。ガビさんの活動拠点ヒティ・タウはそのくびれに当たる場所に近い。ガビさんが「ここでバスを降りて、あのガソリンスタンドで『ガビの農園はどこ？』と尋ねたら、みんな知っているから、いつでも来られるよ」と言う。ガソリンスタンドは広い交差点に面していて、近くには大きなスーパーもある。こんなにモダンな町だったとは。記憶ではもう少し鄙びたイメージだったのに。7年前の記憶を思い起こそうとするが上手くいかない。そこから少し坂を上がり、木立の間の細い道を抜けてバスを降りる。懐かしい。見渡すと、庭に面した母屋の屋根は植物の葉で葺いたものだと思っていたのに、錆びて赤茶けたトタンの波板だった。あの時感じた思いははっきり残っているのに、細部に関する記憶はたよりにならない。庭の隅にある簡素なシャワーとトイレは少し古びてそのままだったが。

ガビさんが、ヒティ・タウで働く20代の青年二人と、10歳ぐらいの男の子とその妹を紹介してくれる。ヒティ・タウは次世代への教育の場でもあるのだ。その日は金曜日。子どもたちは学校がある日だが、先生が特別に許可をくれたのだそうだ。各々、褐色の肌、キラキラした濃い色の瞳、はにかむ様子をみせるが、動くと軽やかな身のこなし。半日私たちに付き合ってくれるらしい。そこに別の男性が両手に一匹ずつ大きな魚の尾を鷲摑みにしてやって来る。その日とれたカツオをガビさんが私たちのために頼んでおいてくれたのだ。

そこからまたバス、途中からは徒歩で、ガビさんの農園のあるアオマの谷へと向かう。狭い土の道はぬかるみ、ズブズブと足をとられ、私のサンダルは泥だらけ。裸足のガビさんはスイスイと進んでいく。15分ほど歩くと、バナナの木が目立つ場所に来た。周囲の林とそれほど違いはないが、そこが農園らしい。バナナの木々の間から、不規則にココナッツやマンゴーが背を伸ばしている。地面にはタロイモが植えられ、ココナツの殻が堆肥にするために積み上げられている。

私たちは、時折降る小雨の中、タロイモを植え、鉤《かぎ》のついた棒でココナツの実を取り入れ、バナナの房を切り取る。どれも力がいる。これまでタヒチで採れた最も重いバナナの房は70キロでガビさんの農園のものだったそうだ。農園で1時間ほど過ごし、収穫物を持って帰路につく。バナナの房は重く、私たちのグループは一房を男性二人がかりで運ぶ。相変わらず泥に足をとられながら歩いていると、ヒティ・タウの青年が上半身裸、裸足で、両手にバナナを一房ずつ持って飛ぶように追い抜いていく。一房はバナナ数十本。逞《たくま》しさに眼がくらむ。

ヒティ・タウに戻ると、屋根の下の長いテーブルに、カツオをサイコロ状にカットしてココナツミルクで和えたもの、蒸したタロイモ、グアバ、マンゴー、スターフルーツなどが並べられている。ハエが時々止まるが、それもあまり気にならない。

庭に、20センチほどの深さに丸く掘った窪みの真ん中に簡単な祭壇が設えられ、その周りにバナナの葉を編んで作った一抱えもあるバスケットがぐるりと置かれている。私たちの人数分ある。中には、バナナ、マンゴー、ココナツ、そして南国の鮮やかな花々があふれんばかりに盛られている。祭壇を囲み、皆で出会いへの感謝の祈りを捧げると、もうお別れの時だ。

皆がガビさんに挨拶しようとするから、私が話せる時間はほとんどない。合間をぬって「ぜひあなたの人生を書いてください。待っています」と言うと、ガビさんは遠くを見るような眼をして頷き「わかった」と短く答えた。私たちは、ガビさんの農園の恵みの詰まったバスケットを抱えてバスに乗り、まだ時折降る細い雨の中を港へと戻った。

ガビさんはどこに向かうのだろう。ムルロワ環礁での核実験反対運動は成果をあげた。だがタヒチに住む多くの人はそこで立ち止まってしまったのではないか。ガビさんは「僕は何も要らない。海と山でとれるもので生きていけるのだから」と言い、そのための労力も厭《いと》わない。ますます自分の考えを推し進め、西洋文化が流入する以前の生活に戻ろうとしている。だが、少ない労働で生活の便利を得ることを知ってしまった今、どれだけの人がガビさんのような暮らしを望むだろうか。

航海中のある時、ガビさんが、中世のイタリア喜劇のキャラクターのような、赤、黄、緑の太いストライプの服と帽子を身に着けてホールの舞台に上がったことがある。スポットライトを浴びて戸惑ったようなその大きな姿が、私にはなぜか少し哀しく感じられた。

一日も早く、ガビさんの生涯が記され、多くの人に知られるようになって欲しい。批判もあるだろうが、人間の原点に戻ろうと、生活そのものの中で自らの思想を証ししようと自分のすべてを賭して奮闘するガビさんの人生に、現代の私たちが学ぶことはとても多いに違いないから。

10．血染めの丘の白い鳥

2月14日、太平洋に浮かぶボラボラ島の沖合に船が止まる。エメラルドグリーンの海の美しさで知られるが、その日は雲が多く、残念ながらそれほどの鮮やかさではない。テンダーボートでウィタポ港に上陸する。港といっても、小さな湾に簡単な護岸工事をしただけのもの。すぐ傍では観光客が泳いだり、砂浜で寝そべったり。ノンビリしたものだ。

午前中は1時間半ほど、船底が透明になった十数名乗りのグラスボートで海中の様子を楽しむ。昼食は陸に上がって各自で調達。数少ない小さなレストランやカフェは観光客で満員。私は友人とスーパーでサンドイッチとジュースを買い、海を見ながら食べることにする。にわかに雨が降りだし、近くのお土産屋さんで雨宿り。島の店の多くは中国系だと聞く。

午後は3時間のジープサファリだ。運転手、英語とフランス語を話す現地のガイド、乗客8人がジープに乗り込む。島の海岸に沿った周回道路は舗装されているが、少し外れて山側に入り込むと、狭く険しい赤土の道は、降ったり止んだりの雨でぬかるんでいる。ジープは上下、左右、斜めに大きく揺れ、時には坂を滑り落ちそう。必死で吊り革につかまる。

道なき道をジープで登っていく途中、崖の斜面に張り付いた朽ちかけた木の扉が目に入る。第二次世界大戦時の米軍兵士の待機場所の横穴を塞ぐ扉だという。もちろん当時の敵は日本軍。現在に見晴らし台になっている高台には、錆びた大砲が海に筒口を向けたままポツンと残されている。実際には日本軍はここまでは来ず、使われなかったそうだが。

それにしても、マリンリゾートと黒真珠の地としてしか知らなかったボラボラ島が太平洋戦争の戦場として想定されていたとは。意外な面に気づかされた。ボラボラ島の港を出たのは夕暮れ近く。船は最後の寄港地ソロモン諸島のガダルカナル島のホニアラ港に向かって南太平洋を西へと進む。

現在ソロモン諸島と呼ばれている島々には、紀元前１０００年頃までにメラネシア系の人々が定住していたことがわかっている。１５６８年、スペイン人探検家アルバロ・デ・メンダーニャ・デ・ネイラがヨーロッパ人として初めてやって来て砂金を発見。それが探し求めていた伝説の古代イスラエルのソロモン王の財宝だと考え、付近の島々を含めソロモン諸島と名付けたのだそうだ。

１８９３年には南ソロモン諸島がイギリスの植民地になり、１９００年には、ドイツ領であった北ソロモン諸島もイギリスが獲得する。だが第二次世界大戦中の１９４２年には日本軍が占領、なかでもガダルカナル島は日米の激戦地となった。終戦後USAに占領されるが、１９７６年に自治権を獲得。２年後の１９７８年にはイギリス連邦加盟国かつ英連邦王国として独立し、現在に至る。

ガダルカナル島に向かう船の中では、軍事評論家、前田哲男さんのレクチャーが連続して行われている。反戦の意志に貫かれた第二次世界大戦についての精緻なレクチャーの中には、ガダルカナル島での戦いについての考察もあった。戦争当時、東京に据えられた大日本帝国の作戦本部は、ガダルカナル島の位置も島内部の地理も正確には知らず、現地司令官の要請に対して具体的な作戦を指示することはなかった。その結果、ガダルカナル島の日本軍は、食糧や水の補給線も確保されないまま、地図もなく密林をさまようことになる。数カ月の間に２万～３万人の犠牲者が出たが、戦う前に飢えと病で亡くなった者が大多数だったという。

私たちが訪れるギフ高地から、日本軍は、海岸近くの米軍陣地に三度攻撃を繰り返す。いずれの攻撃に際しても、兵士たちは至近距離になるまで反撃を禁じられ、飛び交う弾丸の中を突撃し、無惨に倒れていったという。しかも失敗しても、作戦を改めることなく、三度も同じやり方をする。それを見た米軍兵士は、自分の身を護ろうともせず無謀な攻撃を繰り返す日本軍の作戦が理解できなかったそうだ。

当時、本土という戦場から離れた場所にいる大本営参謀が命令権を持っていたならば、少なくとも全力で情報収集をし、それに基づいた作戦を練らなければならないのではないか。それが兵士の命を預かる者のせめてもの責任だろう。今更ながらの憤りを覚える。

2月23日早朝、いよいよ船は最後の寄港地、ガダルカナル島のホニアラ港に入る。私はここで〈戦跡めぐりと首都ホニアラ観光〉というツアーに参加するので、港周辺の地図をもらう。A４一枚にコピーされた簡単な地図に大きな通りは一つだけ。これなら迷子になることはなさそうだ。参加人数が多く、いくつかのグループに分かれ、各々ミニバスに乗って出発する。車内で、ソロモン諸島の人口は約53万人、キリスト教徒が95％、イスラム教徒が１％、その他仏教徒もいる、といった大まかな説明を受ける。

私たちのグループは、まず植物園に向かう。町を出て20分ほど山側へ走ると、濃い緑に囲まれた小さな林間地に着く。バスから降りると縄を張っただけの仕切りがあり、その向こうが植物園だ。何か特別な仕掛けがあるわけではなく、固有植物を護るために立ち入りを制限しているらしい。内部も細い道が通してあるだけで、自然そのまま、という感じだ。

次に向かうのは町中にある国立博物館。中央の通りに面した草地の中に、屋根も壁も茶色の濃淡の植物の葉で編んだバンガローのような建物が建っている。涼しげだ。内部には、地勢の特徴を表す黒曜石の破片や伝統的な生活道具が展示されているが、National Museum と記してあるにしてはつつましい。

そこから歩いて港に近い中央市場に寄る。小規模な体育館ほどの広さだ。コンクリートの床にトタン屋根を支える柱だけで壁はない。低い台が何列も並び、その上にバナナ、マンゴー、スイカといった果物や、トマト、ナスなどの野菜が積まれている。隅の店でマンゴーを買うと薄いポリ袋に入れてくれる。見かけは素朴だが、船に戻ってから食べるととても甘かった。

リゾートホテルの開放的な食堂でバイキング式の昼食の後、高台にある国会議事堂を訪ねる。白い壁、二階建てのこぢんまりとした建物だ。入り口から入るとすぐにパンツスーツの肌の浅黒い若い女性が颯爽と駆け寄ってくる。広報担当のようだ。英語での説明も溌剌としている。彼女に導かれて入った円形の議事室の正面には、この地で神とされていたワニとサメを紋章に取り入れてニュージーランド人がデザインしたという国旗が飾られている。議員数は50名、うち女性議員は1978年の独立以来3名で、現在は1名だけだと教えてもらう。入り口に続く廊下の壁には歴代大統領の写真が10枚ほど掛かっている。新しい国なのだ。

午後半ば、日差しがわずかに黄色みを帯びてくる頃、再びバスに乗って、ギフ高地、通称ムカデ高地へと向かう。舗装した緩やかなカーブが続く坂道を辿り、周囲を見渡せる頂上に着く。広場になっていて、高い木は数えるほどしかない。周囲をぐるりと見渡すと、濃い緑の草木と赤土が混じり合う大小の起伏が四方に広がっている。

高台の中央に、横1・5メートル、縦1メートル、幅20センチほどの四角い光沢のある黒い石の慰霊碑が据えられ、その前には色鮮やかな花々が置かれている。私たちより前に来たグループの人たちが供えたのだろう。

気づくと、少し離れた所に花を並べた現地の人たちがいる。私たちが訪ねることを知って売りにきているらしい。その人たちから花を買って供える人、日本から持ってきた線香を取り出して火をつける人、膝をついて手を合わせる人、正座して数珠を手に経を唱える人、頭を垂れて想いにふける人……暑い午後の時間が止まる。

私は、碑の前でしばらく頭を下げて手を合わせてから、谷に臨む場所に一人移動する。足元から急な傾斜が河まで続く。河辺は木々で覆われ、ところどころ青緑色の水面が覗いている。100メートルほど離れた向こう岸にも、緑と赤土の傾斜が続いている。島の反対側にあるハンガ河から6カ月かけてようやくこのギフ高地にたどり着いた日本陸軍の兵士たちは、あの起伏を越えた先の海辺に陣をとる米軍に向かって突撃していったのだ。戦いにもならない戦いを強いられた兵士たちはどんな思いであの斜面を登っていったのか。あまりの犠牲の多さに、いつの間にかこの高地は〈血染めの丘〉と呼ばれるようになったという。

一人で思いを巡らせていると、眼下の深い緑の中から、真っ白な鳥が一羽、翼を広げて音もなく飛び立ち、翼をゆったりと動かしながら深く蒼い空に吸い込まれるように消えていった。強い日差しの中の白昼夢か。ここで命を散らした兵士の魂なのか。いつもは、生まれ変わりなどありえない、と強く否定している私だけれど、その時はなぜかそう感じられてならなかった。

何十年も前、精神分析学の本で、人間は本来、生に向かう創造的な衝動とともに、死へと向かう破壊的な負の衝動を持つ動物であると読んだことがある。それならば、人間はその引き裂かれた欲望の間を危ういバランスをとりながら存在するしかないのだろうか。戦争という大規模な破壊を引き起こす人間、だが、白い鳥に象徴されるような、何物にも囚われない軽やかな飛翔への、純粋であることへの憧れを、平和への希求を、祈りのように持ち続けるのもまた人間なのだ。

港に戻るバスの窓から見るホニアラの町は、もう夕暮れの賑わいをみせている。職場帰りか自転車をこいで家路に向かう人、買い物袋を手に市場に出入りする人たち、そぞろ歩く若い男女、走り回る子どもたち……。こうした日常をあっけなく破壊する戦争とは何だろう。20世紀半ば、戦後の日本に生まれ、かろうじて戦いの現場から距離を隔てて暮らせている私は幸運というしかない。命あるものであるかぎり、不可避な死は自然として受け入れることはできる。だが他者から強いられる死は嫌だ。破壊衝動が強い人は、せめて他の人たちを自分の戦いに巻き込まないで欲しい。存在そのものを賭けてそう叫びたい。

11　言葉はつなぐ

この旅でも、船内で日本語を教える機会を得た。航海が始まって一週間ほどしてコーディネーターから紹介されたのは18歳の英国青年。電話で待ち合わせをしたレセプション前に行くと、ソファに座っていた水色のシャツにえんじ色の綿パンの青年が立ち上がる。背が高い。身体を少しかがめるようにして「デヴィッドです」と名乗る。想像していたより落ち着いた印象だ。互いに簡単に自己紹介。英国には大学入学前か卒業前に1年の猶予期間がある。デヴィッドもその制度を利用しようとしていたところ、父親の友人に勧められて船に乗ったという。入学の決まっている大学では文化人類学を専攻する予定で、特にシャーマンの研究をしたいそうだ。銀行に勤める父親が日本に勤務していた間、デヴィッドは全寮制のハイスクールにいたが、長期休暇を利用して日本に何回か滞在したことがあり、日本語を少し話す。

日本語の基礎から勉強したいと言う。私はスケッチブックに色鉛筆で平仮名とカタカナの51音の表を作り、これまで知っていることを確認しながら進めることにした。その日から、寄港日や行事のある日をのぞいてほぼ毎日、1時間のレッスンが続いた。

デヴィッドはダンスや歌が好きで、毎晩ダンスホールで夜遅くまで若い人たちと集《つど》っている。

そのせいか、午前中のレッスンには明らかに起きたばかりだったり、遅刻したり、まれに来ない時もある。夜遅くまで楽しんでいるのだろう、若いから仕方ないな、と思っていた。

だがそのうち、船内でそれまで言葉を交わしたことのない若い人たちから「デヴィッドの先生ですか」と声をかけられるようになった。どうやらデヴィッドは、ダンスホールで日本語を勉強し、それを彼らが手伝っているようなのだ。そのおかげか、みるみる日本語がうまくなっていく。

同時に、上流階級の英語を聞きたかったらデヴィッドの発音を聞くとよい、という噂も伝わってきた。そういえば、会話の練習で「あなたの庭にはどんな木や花がありますか?」と尋ねると「シラカバとバラとラベンダー」という答えが返ってきたし、なんとなく英国紳士風な雰囲気が漂っているのも納得がいく。

横浜で船を下りたデヴィッドは、イギリスから駆けつけた両親に、下船後に予定していたアジア旅行をやめるように言われ、航海中に出会った友人たちの住まいを拠点に2カ月余り日本中を旅して回ることにした。私の家にも数日滞在の予定で、雨傘を結び付けた大きなトランクを引きずってやって来た。

デヴィッドのスマホを駆使した情報力に導かれ、私も一緒に大阪見物。慣れた街並みも新鮮に映る。デヴィッドは街で回転寿司やトンカツ、たこ焼きやお好み焼きを美味しそうに食べたかと思うと、家では朝食にエッグマフィンを作ってくれる。私が若い人向きに、と作ったグラタンや鶏の照り焼きを物も言わずに平らげ、お腹いっぱいでデザートも入らない、と満足そうだ。しばらくこんな食べっぷりを見たことがなかった。私がデヴィッドの綿パンを乾燥機にかけすぎて、皺だらけにしてしまい、替わりを買いに一緒にショッピングした時には、できるだけ安い店に行こうとする。楽しい思い出をいくつも残してデヴィッドはイギリスへ帰っていった。

帰国後、メールやLINEで、大学で文化人類学を専攻しながら日本文学の授業も受けている、とか、時には、日本語で「げんきですか。あすじんるいがくのしけんがあります」などと知らせてくれる。添えられた写真によると、どうやらガールフレンドができたらしい。

イギリスで恵まれた環境にいるデヴィッドが、こうして船旅で異国の知らない人たちに出会い、短期間でも生活を共にする。きっと良い経験になっただろう。日本の若者たちにも、そんな機会を後押しするような制度があれば、と願う。

デヴィッドとのレッスンを始めて数日後、コーディネーターから、もう一人、との申し出があった。台湾出身で、今はロス－アンジェルスに住むアリサという女性だという。何かのご縁だから、と引き受ける。電話で約束した甲板に行くと、壁に掛かった海図を眺めている、黒い髪を肩まで垂らした女性の後ろ姿が目に入る。声をかけると、振り返った濃い眼の光が強い。

年齢不詳、野性的な印象だ。

　日本が好きでよく訪れるので、日本語には慣れているが、実践的な会話をしたいという。スケッチブックに地図や交通標識、レストランのメニューなどを描き、それをベースにレッスンを始める。2、3回すると、アリサさんが小柄な男性を連れてきて「夫のカイです」と紹介する。一緒に勉強することになった。二人は毎回レッスンをスマホに録音し、復習を欠かさない。だが、カイさんは、私と年齢が近く、同じくパリの学生街での生活を経験しているせいか、次第に自分の半生を語る時間が多くなった。

　カイさんは、20代そこそこで台湾からフランスに渡り、フランス語を勉強していたが、資金が続かず、パリの中華料理店でアルバイトを始める。働きぶりを見たオーナーが学費を出してくれ、勉強を続けることができたが、先にＵＳＡで働いていた親戚から招かれてロス・アンジェルスに渡り、懸命に働いて中華レストランを持った。それが今ではＵＳＡで2店舗、台湾で1店舗。さらに、不動産にも事業を広げ、アカデミー賞の一部門のノミネート会場になるビルも所有しているという。スマホで見せてくれる写真には、広々とした洒落たレストラン、数十人の従業員、ロス郊外の邸宅などが映っている。台湾で英語教師をしていて、ＵＳＡに留学していたアリサさんと知り合い、再婚同士で結婚したそうだ。今は事業の大部分を息子に譲り、こうして旅をしているという。「家事の大部分を自分が担当しているよ」冗談めかして語るカイさんの傍でアリサさんが屈託なく笑っている。

カイさんはいつもアロハに短パンにゴム草履といったラフな格好、誰にでも気軽に声をかけて知り合いになる。だが、ある時、甲板で沈む太陽を見ながら、急に言葉少なになり、ノートにペンを走らせている。しばらくして見せてくれたのは風格のある達筆で書かれた漢詩。沈む太陽のように、自分の人生も終わりに近づいているけれど、それを心穏やかに受け入れよう、そんな内容だった。実務に長け、異国で成功を収めながらもどこか飄々としたカイさんは、波乱に富んだ人生を、あの時どんな思いで振り返っていたのだろうか。

カイさんとアリサさんは、船内で次の北回りの航海の予約をし、横浜で船を下りていった。ぜひUSAの自宅と別荘に来て欲しい、一緒に車で国内を旅行しよう、との申し出を残して。帰国してからも、近況と共に「あなたの娘が暮らすロスーアンジェルスに来たらぜひ連絡するように」と必ず書き添えてあるメールが届く。

もう一つ、私にはこの航海で大切な再会があった。神戸から船に乗り込んで数日後、船室に挟まれた長い廊下を歩いていると、客室係の白い制服を来て身をかがめている男性が目に入る。「こんにちは」と声をかけて通り過ぎた時、「マダム」と呼び止める声。振り返ると、満面に笑みを浮かべた褐色の顔が目に飛び込んできた。「ワァー」思わず大きな声が出る。ホンジュラス人のホセさんだ。憶えていてくれたのだ。

7年前の航海で、私の船室を担当していたホセさんは、いつも勤勉で礼儀正しく、私が船内で受講していたスペイン語の授業の宿題もよく手伝ってくれた。3カ月の間に、ホセさんには妻と4人の子どもがいて、良い夫、父親であろうと努めていること、ホンジュラスは貧しい国だけれど自然は豊かで、世界で2番目の規模のサンゴ礁があること、ピースボートには様々な人との出会いがあるのが楽しみで、もう何回も乗船していること、などを聞かせてもらった。

翌日は下船という日、「スペイン語を教えてもらったお礼です。ご家族になにかお土産を買ってあげてください」そう言ってわずかばかりのドルを千代紙で作った袋に入れて渡した。ホセさんは驚いたような表情を浮かべ、それから「マダム、日本風ではありませんが、ハグしていいですか?」と尋ねる。「もちろん」、慣れないハグをしながら、私はなぜか泣きそうになり、私たちはメールアドレスを交換して別れた。

7年後のホセさんは、客室係の責任者になっていて、私たちが話している短い時間にも、若い客室係が何度もアドバイスを求めに来る。その人たちが、私と同様ホセさんを信頼して頼りにしているのがよくわかる。

そんなホセさんと世界情勢について話していた時、それまでの柔和な表情を引き締め「世の中は不公平ですよ」と強い口調で言い切る。カリブ海に面したホンジュラスは世界銀行と国際通貨基金(IMF)によって重債務貧困国に指定されている。国内の事情はもとより、こうして世界を回り、あまりにも露骨な経済格差を目の当たりにして、私と同様、地球がいびつに感じられているに違いない。私も深く頷いた。

私の知る限り、船内で働いているのは、船長や機関士などを除き、ホンジュラス、インドネシア、フィリピンといった国の人が多い。現地採用の場合、日本円に換算すると給料がとても安い、と聞いた。彼らに対してわけもなく横柄な態度で接する日本人の乗客も目にした。

ピースボートは国境を超えた世界平和を目指し、まず世界の現状を知ろうと考案されたと聞いている。他のクルーズよりは格段に料金が安いし、船内の催し物も、社会問題を深く考えさせられるものが多い。そんな船でも、個々人の資質や努力とは無関係に、国や地域の経済格差、役割の違いは厳然として存在する。その役割の違いが個人の意識に影響を与えていないとは言えないだろう。私自身は、その意識を乗り越えたつもりでも、果たして相手はそう思ってくれるだろうか。自分と他者の置かれた立場を客観的に捉えることは本当に難しい。ホセさんを思う時、懐かしさと共に、なぜか申し訳ない気持ちになってしまうのだ。

船の旅ごとに思いもかけなかった出会いがある。同国の人たちはもちろんだが、日本以外の国の人とも共に時を過ごすことができる。私の出会いは、大体言葉を媒介にしている。日本語、自在に操れるわけではないがフランス語、英語、ほんの少しのスペイン語、イタリア語。世界に数千ある言葉の中で、たった五つだけだが。

もちろん言葉でなくても、音楽、絵、ダンス、料理……自分を表現し、伝達する手段は人によってそれぞれだ。その手段を持つことが出会いの多くの機会を与えてくれるのは確かだ。だが、それ以上に大切なのは、伝えたいという気持ち、平らな気持ちで相手とコミュニケーションしたいという気持ちだろう。さらには、数十億年の地球の歴史の中、たまたま同時代に生まれ、この地球上で出会えた奇跡のような偶然を慈しむ気持ちなのではないだろうか。一期一会、その言葉に身の引き締まる思いがする。

21世紀の今、船に乗れば、いくつかの港に寄っても、100日余りで地球を一回りできる。地球はそれほど大きくない。海に境はない。海の水は自然の法則に従って地球を巡っている。そんな海に浮かぶ船に乗っていると、ただゆったり生きていればいい、そんな気持ちになる。だが、港に近づくにつれ、雑多な人間の営みが押し寄せてくる。人間が編み出した数限りない規範と共に。

各々の土地、そこに生きる人々には必ず決まり事がある。国や市町村といった地域区分、民族、親族、家族といった血縁集団、男女の性別に基づく役割分担、宗教やイデオロギーや慣習や風習に由来する行動規範、身分や富や学歴や職業の差から生じる社会的階層、そして言語といった伝達手段……それらは人間の間に仕切りを作り、その中の一部を囲い込んで、同質集団を形成すると同時に、その集団に属する人々に、その囲いの中で持つべき意識や役割を求めてくる。法律のように違反すれば罰則を伴うものから、愛国心、職業意識、男らしさ、女らしさ、といった、理由を問わない〈当たり前〉まで。いつの間に人間はこんなにも多種多様な決まり事に取り囲まれ、自身もそれらを内在化してしまうことになったのか。

もちろん、決まり事がない状態が理想の世界だとは言えない。混沌か弱肉強食か。決まり事がそこに秩序と安定をもたらすのは確かだ。だが一方、人間は、自分の属する集団の規範から外れるものに対して、〈自分〉ではない、と無関心になったり、相違を必要以上に強調したり、排除したり、さらには抹殺しようとすることも少なくない。規範の本来の目的が忘れられ、規範そのものが目的化すると、それらは、内においても、外に対しても、人間を限りなく分断してしまう。

旧約聖書の〈創世記〉には、一つの言葉を話していた人間が、天にも届くかという塔を築こうとした時、同一の言葉を話す民の能力と結束を恐れた神がその塔の建設をやめさせた、と記されている。その結果、各地に散って違う言葉を話すようになった人間は、混乱の中で争いを繰り返すようになった、と。

すでに多くの分断を抱え込んでしまった私は、自分の内なる断片をつなぎ合わせ、丸ごとの自分に立ち戻ることができるだろうか。そして、他者を自分と同じような丸ごとの存在として想像し、認める力を持つことができるだろうか。異なる文化に属していても、同じ言語を話さずとも、何らかのコミュニケーションの手段を獲得し、分断の壁ではなく、新たな塔を築く一員になれるだろうか。

私は、本や映像、旅といった体験を通して、自分の属する囲いの規範が絶対ではない、と感じるようになった。その揺らぎにこそ、他者と自分を重ねてみようとする可能性があるのかもしれない。自分だけでなく、誰もがこの地球に生を享けた奇跡を十全に生き切ることができる日がいつか来るかもしれない、なぜかそう思えてくる旅が不思議だ。

あとがき　旅の終わりは

　本や映画、メディアを通してその存在を知り、思いをふくらませていた世界をこの目で確かめたい、と出かけた地球一周の船旅。自分に問いかけてみる。地球を3周して、見たいものを見ただろうか、と。

　すべて自分の思う場所に行ったわけではない。ほとんどが他の人によって計画されたコースを選んだだけだ。訪れたのは一般的な観光地の枠は外れるかもしれないが、危険な紛争地、直前に災厄に見舞われた地、極限の自然条件の地などは避けている。これで何がわかるだろう。だが、すべてを見ることは誰にもできはしない。限りがあると知りながら、出会えた人や風景、体験を大切にしていこうと思う。それは他の誰のものでもない、自分だけのかけがえのないものだから。

　旅で出会った人と片言でも言葉を交わし、気持ちが通ったと感じる瞬間は心温まる喜びだ。たとえ、自分が行った場所や出会った人に直接関係なくても、報じられるニュースの背後にある事情が以前よりは察せられるようになった。人々の息遣い、肌の温かさ、笑い声、頬をつたう涙、市場のざわめき、夕餉の匂い、そんなものを伴って。

　そして、自分が何らかの形でその人たちやその場所に繋がっていると考えられるようになった。それだけ一層、地球上で頻発する不条理に対して何もできない自分に苛立ち、懸命に生きようとする生命への愛おしさに、胸締め付けられることも多くなったが。

旅でそれまで想像すら及ばなかった自然の中に身を置くのは心震える喜びだ。自分が小さく、小さくなって、無に近づく。軽く、軽く、重量を失って、どこまでも広がっていく。自分が生まれ変わって新しい生命を授かったようだ。移ろう光、波の揺らぎ、優しく激しく吹く風、吸い込まれるような星空……そんなものに心動かされ、自分を含む生命の一つ一つがここにある不思議に思いを馳せることが多くなった。そんな思いは、自分の住む街を越え、日本列島を囲む海を越え、空を越え、時間軸も越えた万象の成り立ちの源へと向かっていく。

そう、私が一番見たいもの、それは生命の始まり、宇宙の始まり、無から有への移行なのかもしれない。もしそれらが見られるとしたら、生命がつきる、その時しかないだろう。見ることができるといい。それが、私の旅の終わりだろう。自分に残された時間を意識する年齢になった今、静かな気持ちでそう思っている。

著者プロフィール

中島 和子（なかじま かずこ）

1948年、兵庫県に生まれる。
大阪大学、同大学院卒業。
元神戸海星女子学院大学文学部教授。
パリ第３大学修士課程修了。
専攻、フランス文学・フランス文化。
主な訳書に、ボーモン夫人『美女と野獣』（1981／東洋文化社）
フランソワ・カラデック『フランス児童文学史』（共訳、1994／青山社）
ファドマ・アムルシュ『カビリアの女たち』（2005／水声社）
ハーリダ・メサウーディ『アルジェリアの闘うフェミニスト』
（2015／水声社）などがある。

地球を巡る 世界３周317日船の旅

2018年２月15日　初版第１刷発行

著　者　中島 和子
発行者　瓜谷 綱延
発行所　株式会社文芸社
〒160-0022　東京都新宿区新宿１－10－１
電話　03-5369-3060（代表）
03-5369-2299（販売）

印刷所　株式会社エーヴィスシステムズ

ISBN978-4-286-19099-0